Diogenes Taschenbuch 24342

W0051459

Martin Suter

Alles im Griff

Eine Business Soap

Diogenes

Die Erstausgabe
erschien 2014 im Diogenes Verlag
Diese in sich abgeschlossene
Kolumnen-Serie wurde im Zeitraum
20.03.2004 bis 19.12.2004 zuerst
veröffentlicht im *Magazin* des *Tages-Anzeiger,*
Zürich, bzw. *Tamedia*
Umschlagfoto von Adie Bush (Ausschnitt)
Copyright © Adie Bush/cultura/
Corbis/Dukas

Veröffentlicht als Diogenes Taschenbuch, 2016
Alle Rechte vorbehalten
Copyright © 2014
Diogenes Verlag AG Zürich
www.diogenes.ch
200/16/44/1
ISBN 978 3 257 24342 0

Inhalt

Toblers Erster

Am ersten Arbeitstag in einer neuen Firma fühlt sich Tobler immer wie ein Hund in einem fremden Revier. Allen, denen er begegnet, könnte er falsch begegnen. Zu freundlich, zu distanziert, zu selbstsicher, zu unterwürfig. Er wird nie vergessen, wie er sich am ersten Tag in seinem allerersten Job beim bestgekleidesten, lautesten und autoritärsten Mitarbeiter, der immer überall mit einem Armvoll wichtiger Akten anzutreffen war, eingeschmeichelt hatte. Erst nach dem Nachtessen und der zweiten Flasche Wein, alles auf Toblers Rechnung, kam heraus, dass der Mann für die interne Post zuständig war.

Schon als er den Empfang betritt, fühlt er sich, als trüge er einen Button mit der Aufschrift: »Ich bin neu.« Wie der angegraute, verlegene Kioskverkäufer, bei dem er kürzlich am Bahnhofskiosk seine Zeitung gekauft hat. Tobler ist sich nicht sicher, ob er zur Empfangsdame gehen soll oder ihr einfach zunicken und auf den Lift zusteuern. Er hasst es, nicht sicher zu sein.

Er nimmt also Kurs auf den Lift, und schon taucht aus dem Nichts einer auf, der aussieht wie ein Executive Vice President und sich als Stüdeli, Security, herausstellt.

Stüdeli informiert Frau Gartmann, die Sekretärin von jemandem, dessen Namen er nicht verstanden hat. Sie holt ihn am Empfang ab. Mit einem strahlenden Lächeln, das besagt: »Sie sind neu.«

Tobler ist nicht neu. Weder in der Branche noch im upper Middlemanagement. Er hat die letzten fünf Jahre in wichtiger Funktion bei der TYLCO, einem der Hauptkonkurrenten der CRONSA, verbracht. Deswegen hat ihn die CRONSA ja auch genommen. Und zwar mit Handkuss.

Wenn Bäriswil nicht wäre, säße er noch immer bei der TYLCO. Und zwar an strategisch wichtiger Position. Wenn Bäriswil nicht seit Jahren breitarschig den Stuhl des Bereichsleiters besetzt hielte, ohne die geringste Aussicht auf einen Sitz in der obersten Führungsebene, dann wäre längst Bewegung in die verstopften Beförderungskanäle geraten. Oswald hätte die Bereichsleitung übernommen, und er, Tobler, wäre endlich das geworden, was seine Stärken voll zur Geltung gebracht hätte: Leiter Verkauf und Marketing.

Nun wird er es halt bei der CRONSA. Nicht gleich, aber in sehr absehbarer Zeit. Der Laden gilt als dynamisch. Kein Paradies für Sesselkleber. Tobler hat sogar einen kleinen finanziellen Taucher auf sich genommen und eine sechsmonatige Auszeit, weil ein früherer Eintritt für seinen neuen Arbeitgeber lohnbudgetmäßig nicht dringelegen hätte.

Frau Gartmann führt Tobler durch die Stockwerke wie einen neuen Zögling durch ein altes Internat. Alle, denen er vorgestellt wird, spielen ihre Überlegenheit aus, die darin besteht, dass sie vor ihm hier gewesen sind. Dass sie wissen, wie die Kaffeemaschine funktioniert, was das

Kürzel FIP bedeutet und wen man rufen muss bei einem Papierstau im Drucker.

Als Frau Gartmann im Stockwerk der zweitobersten Führungsebene an die letzte Tür klopft, zwinkert sie ihm aufmunternd zu: »Ein Leidensgenosse. Hat auch heute angefangen.«

Ja, Sie haben richtig geraten.

Bäriswil revidiert ein Vorurteil

Bäriswil ist gerade dabei, seinen Hebeisen zu hängen, als es klopft.

»Moment!«, ruft er, klettert vom Besucherstuhl und schiebt diesen wieder an den Schreibtisch, seinem Girsberger Yes gegenüber, in Leder, perforiert, schwarz mit Twinmechanik, Komforttiefenfederung und integrierter Lordosenstütze. Im Prinzip das gleiche Modell, wie er es schon bei der TYLCO besaß, nur mit multifunktionaler Armlehne als weiteres Extra.

Den ersten Hebeisen hat er vor Jahren bei einer Vernissage in den Praxisräumen des Gynäkologen seiner Frau als Investition erstanden und nimmt seither dem Künstler ab und zu ein Werk als kursstützende Maßnahme ab. Das, welches er für sein neues Büro gewählt hat, heißt »pink future«. Ein bisschen viel Rosa, aber dafür nicht so sperrig im Format wie andere Hebeisen.

Bäriswil setzt sich und lehnt den Kopf zurück an die in Höhe und Neigung verstellbare Kopfstütze (auch ein Extra), als säße er seit Stunden hier, tief in Gedanken von nachhaltiger strategischer Bedeutung für die CRONSA und ihre gesamte Belegschaft. Bäriswil hat extra das Wochenende geopfert, um sein Büro einzurichten. Damit er seine neue Stellung antreten kann, als hätte er sie schon immer innegehabt.

»Come in!«

Frau Gartmann streckt ihren Kopf herein. »Dürfen wir schnell?«, fragt sie, und schon ist sie drin, Tobler im Schlepptau.

Tobler ist eine Panne. Seine Anstellung datiert noch aus der Zeit vor Bäriswils ersten informellen Kontakten mit dem Headhunter der CRONSA. Sonst hätte er die Personalfehlentscheidung natürlich verhindert. Er kennt Tobler aus seiner Zeit bei der TYLCO. Nicht gut (er befand sich zwei Hierarchiestufen über diesem), aber gut genug, um zu wissen, dass der Mann als willig, aber überfordert galt.

Jetzt steht dieser Tobler also mit rotem Kopf neben Frau Gartmann – nicht unhübsch, diese Frau Gartmann, sollte nur noch lernen, ihre Besuche anzukündigen, wenigstens die in Herrenbegleitung –, steht Tobler also in seinem Büro und tut überrascht. Als hätte er nichts geahnt. Als hätte Bäriswil seinen Stellenwechsel nicht in einer Pressemeldung an die Wirtschaftsredaktionen eigenhändig gestreut. Als hätte sie Tobler unter »Firmennachrichten« im führenden Branchenblatt übersehen. Leute wie er machten doch den lieben langen Tag nichts anderes als die Firmennachrichten zu durchforsten und davon zu träumen, dass sie eines Tages auch einmal darin vorkamen.

Bäriswil will die Begrüßung kurz halten und schielt immer wieder auf den Bildschirm, als blinke dort eine brandheiße, hochvertrauliche Nachricht aus einer der vielen offenen Flanken der global economy. Aber dann stört ihn die Vertrautheit, die zwischen Tobler und Frau Gartmann während des Firmenrundgangs bereits entstanden ist, doch so, dass er mit ihr noch ein paar Sätze austauschen und etwas frischgelernte Internas durchschimmern lassen muss.

Danach verabschiedet er Tobler mit den aufmunternden Worten: »Ich hoffe, Sie finden sich bald zurecht bei uns.« Und stellt damit die räumliche, zeitliche und hierarchische Distanz für jetzt und alle – für Tobler wohl etwas düstere – Zukunft wieder her.

Doch da fragt Tobler: »Ist das ein Hebeisen?«

Vielleicht doch nicht ganz so ohne, der Mann, denkt Bäriswil.

Ingrid Gartmanns Allergie

Keinen Tag länger hätte es Ingrid Gartmann bei der CRONSA ausgehalten, wenn Hasler geblieben wäre. Er war die Ursache für ihre Hautausschläge. Nicht im übertragenen Sinn. Richtige Hautallergien an wechselnden Körperstellen mit Juckreiz und Kalziumbehandlung und Kamillenkompressen. Ihr Hausarzt bezweifelte zwar, dass sie von Hasler herrührten, aber sie war sich ganz sicher. Der Beweis: Sie flauten zum Wochenende hin ab und blühten montags langsam wieder auf.

Das war nicht die ganzen zwei Jahre, drei Monate und einundzwanzig Tage so gewesen. Die ersten knapp zwei Monate war sie so erleichtert gewesen, Stäuble los zu sein, dass sie nicht bemerkte, gegen was sie ihn eingetauscht hatte. Hasler war ihr vorgekommen wie die meisten ihrer bisherigen Chefs: etwas überfordert von ihrer Aufgabe, etwas zu sehr in Anspruch genommen von ihrer Karriere, unfähig, sich zu organisieren, und nicht in der Lage, selbständig einen Becher mit Automatenkaffee zu füllen oder einen Brief zu schreiben.

Sie war es gewohnt, diese und all die anderen Dinge, die die Qualität eines Managers ausmachen, selbst in die Hand zu nehmen und als zwar unterbezahlt, dafür aber unersetzlich zu gelten. Zwischen ihren Chefs und ihr hatte das stille Einverständnis geherrscht, dass sie ohne sie aufgeschmissen wären. Und alle hatten es im kleinen Kreis auch durchblicken lassen. »Ich wüsste nicht, was ich ohne die Gartmann machen würde«, war ein oft gehörter Satz, von dem zwar nur sie wusste, wie wahr er war, der ihr aber trotzdem guttat.

Doch nach knapp zwei Monaten gab ihr Hasler eines Tages einen Brief zurück – ununterschrieben und mit roten Wellenlinien versehen. »Das klingt nicht nach mir.« Da wusste sie, dass ihr neuer Chef sie in eine andere Kategorie stecken wollte: unterbezahlt, aber ersetzlich.

Dazu beizutragen, dass Hasler dann abserviert wurde, war mit Abstand die größte Herausforderung ihrer bisherigen Karriere gewesen. Das erste Jahr verbrachte sie fast ausschließlich damit, ihren Status von ersetzlich auf lebenswichtig upzugraden. Dazu war sie gezwungen, ihren Briefstil dem anzupassen, der Haslers gewesen wäre, wenn er auch nur einen geraden Satz zuwege gebracht hätte. Auch ihr Ablagesystem musste sie seinen Vorstellungen anpassen, seinen Terminplaner übernehmen und sich nach seinem seltsamen Essensrhythmus richten. In dieser Phase traten die ersten Ausschläge auf.

Im zweiten Jahr war ihre Position dann so gefestigt, dass sie damit beginnen konnte, Hasler systematisch auflaufen zu lassen. Sie ließ ihn Termine vergessen, Briefe nicht beantworten, Aufträge verlieren, kurz: die Dinge tun, die ihm ohne sie schon früher passiert wären. Als die Konzernleitung endlich auf Haslers Unfähigkeit reagierte, waren Ingrid Gartmanns Ausschläge längst chronisch geworden.

Keine zwei Tage nach Haslers Entlassung und soforti-ger Freistellung waren die Symptome restlos verschwun-den.

Aber vor vierzehn Tagen hat es wieder angefangen. Gleichzeitig mit Bäriswil, ihrem neuen Chef.

Arbeitsplatzsicherung

Ganz oben über der CRONSA schwebt wie eine böse Ahnung Wenger, der Mann, bei dem die Fäden zusammenlaufen. Wo jemand in der Hierarchie steht, erkennt man daran, ob er weiß, dass Wenger gerade im Haus ist, ob er es nur vermutet oder ob er vorsichtshalber so tut, als wäre er.

Die wenigsten Mitarbeiter bekommen Wenger zu Gesicht, denn er ist bereits da, wenn sie kommen, und falls nicht, schützt er sich vor Begegnungen mit der Basis mit einem Schlüssel, der ihn ohne Zwischenhalt vom U1 bis hinauf zum OG 8 befördert.

Für die meisten in der CRONSA manifestiert sich ihr oberster Chef nur durch die Maßnahmen, die er trifft und von denen sie getroffen werden.

Um Wenger wenigstens einen Teil seines Schreckens zu nehmen, haben ihm seine Untergebenen unterhalb der drittobersten Führungsebene einen Spitznamen gegeben, der perfekt zu seiner etwas korpulenten, glatzköpfigen Erscheinung passt. Sie nennen ihn Wengerling.

Eine einzige Mitarbeiterin gibt es in der CRONSA, die immer weiß, ob Wengerling im Haus ist, und die sich trotzdem ganz unten in der Hierarchie befindet. Sie heißt Ingrid Räber und macht den Empfang und das Telefon.

Beides nicht besonders gut, lautet die vorherrschende Meinung im Haus.

Wenn sich Ingrid Räber auf nur eine der beiden Tätigkeiten konzentrieren könnte, wäre sie der Aufgabe besser gewachsen. Aber durch die Doppelbelastung empfindet sie Besucher als Störung beim Telefonieren und Anrufe als Belästigung bei ihrer Empfangstätigkeit. So wird sie von Anrufern und Besuchern als gleichermaßen unfreundlich empfunden. Was sie nicht weiter beunruhigt, bei ihrem Aussehen.

Aber im Human Resources Management ist man der Meinung, in diesen Zeiten ließe sich auch eine Empfangsdame/Telefonistin finden, die hübsch ist *und* ihren Job gut macht. Man hat ihr das zwar noch nicht mitgeteilt, aber seit letzter Woche hat die Personalberatung, mit der die CRONSA auf unterer Kaderebene zusammenarbeitet, den Auftrag, sich ein wenig umzuschauen.

In dieser hochbrisanten Situation ist es ausgerechnet Wenger, der sich für Ingrid Räber verwendet. An einem Montagnachmittag – am Empfangsdesk stehen ein Velokurier, ein Taxichauffeur und ein Kunde, und das halbe Kader hat seine Durchwahl auf die Zentrale umgeschaltet – ruft eine an, die sich Dubois nennt und mit Wenger sprechen will. Es sei privat.

Wengerling spricht gerade, Ingrid Räber legt sie auf die Wartemusik und wendet sich wieder dem Velokurier, dem Taxichauffeur und dem Kunden zu.

Zehn Minuten später fällt ihr die Anruferin wieder ein, und sie fragt Wenger, ob er für eine Frau Dubois zu sprechen sei. Dieser bejaht freudig. Aber als sie verbinden will, hat die andere aufgelegt. Sie schaltet sich also wieder zu Wenger, um ihm das mitzuteilen. Aber der glaubt, sie sei die andere, und flötet: »Hallihallo, Mausi, hier Bärli.«

Noch am gleichen Tag erhält die Personalberatung von ganz oben die Weisung, die Suche nach einer neuen Empfangsdame/Telefonistin vorläufig einzustellen.

Der Bäriswil-Experte

Toblers Karriere ist nicht immer so gradlinig verlaufen, wie er es sich gewünscht hätte. Das hat ihn gelehrt, das Beste aus jeder Situation zu machen. Selbst aus einer so ausweglosen wie dieser. Dass ihm hier in der CRONSA wieder der gleiche Bäriswil vor der Aussicht sitzt, wegen dem er die TYLCO verlassen hat, wäre für einen weniger positiven Charakter der Karriere-GAU. Aber Tobler weiß: Es hat auch sein Gutes. Er muss nur noch herausfinden, worin es besteht.

Vielleicht darin, dass er Fässler losgeworden ist. Fässler, seinen Mitbewerber um Bäriswils Posten. Wenn er es sich genau überlegt, hat er unter Fässler noch mehr gelitten als unter Bäriswil selbst. Nicht, weil Fässler auch nur den Hauch einer Chance besessen hätte, ihn aus dem Feld zu schlagen. Für die Nachfolge von Bäriswil gab es keine Alternative zu Tobler. Dass er sie nicht antreten konnte, lag allein an Bäriswils Sitzleder. Aber Fässler hatte trotzdem mit allen Tricks gegen Tobler intrigiert.

Genau: Das Gute an der Situation ist, dass er Fässlers falsches Grinsen nicht mehr ertragen muss. Und dass dieser durch den unkoordinierten simultanen Abgang des Karriereobstakels *und* dessen Nachfolgers zu Toblers Posten gekommen ist wie die Jungfrau zum Kind, lässt Tobler absolut kalt. Praktisch.

Erst nach ein paar Wochen stößt Tobler auf das Allerbeste an der Situation: Seine Vorgeschichte macht ihn interessant für die Mituntergebenen von Bäriswil. Er, der sonst eher Mühe hat, Anschluss zu finden, wird plötzlich am Feierabend in die Löwen Bar mitgenommen. Dort sitzt er dann mit Leuten, die er nur aus dem Organigramm kennt, vor einem Campari Orange und lässt sich über Bäriswil aushorchen. Ob dieser sich für Fußball interessiert und falls ja, für welchen Club. Wie man ihn auf die Palme bringt und wie wieder runter. Worauf er bei seinen Untergebenen besonders achtet und wie er privat so ist.

Tobler, der abgesehen von einer zufälligen samstäglichen Begegnung im Gartencenter keinen privaten Kontakt zu Bäriswil pflegt, entwickelt sich zum intimen Kenner von dessen Psyche. Sein Insiderwissen verhilft ihm zu einem Lunch mit Welti im Santa Lucia und bei dieser Gelegenheit zu seinem ersten Du in der CRONSA bereits nach fünf Wochen (»André«).

Der absolute Höhepunkt ist aber eine Privateinladung bereits in der sechsten Woche. Und zwar zu Hause bei Hottinger, nach Toblers Einschätzung dem einzigen halbwegs ernstzunehmenden Konkurrenten im Rennen um die Leitung Marketing und Verkauf. Kann nicht schaden, wenn man den Mann in der Tasche hat.

Bei Kaffee und Calvados kauft ihn Tobler sich mit dem Tipp, dass Bäriswil jeden, der nicht Michael E. Porters *Wettbewerbsstrategie* gelesen hat, für managementuntauglich hält. Der Abend gipfelt im zweiten Du in der CRONSA (»Anton«).

Ein paar Tage später fragt ihn André Welti in der Löwen Bar: »Was hast du übrigens gegen Michael Porter?«

»Ich? Gegen Professor Michael E. Porter? Nichts. Im Gegenteil. Warum?«

»Hottinger hat kürzlich etwas in der Richtung angedeutet.«

»Dir gegenüber?«

»Nein, Bäriswil.«

Hottinger im Garten

Gleich zu Beginn fertigmachen. Gar nicht erst hochkommen lassen. Das ist Hottingers Strategie gegenüber Tobler. Und die Taktik: umarmen. Zur Brust nehmen und zudrücken, bis er keine Luft mehr kriegt.

Auf der Böschung beim Gartenzaun sind ein paar Schneeglöckchen versammelt, und der Hamamelis blüht. Hottinger hat zum ersten Mal in diesem Jahr einen Liegestuhl aus der Waschküche geholt und blinzelt in die schüchterne Frühlingssonne.

Schon das erste Manöver war lehrbuchmäßig: Nach Hause einladen, Vertrauen gewinnen, Information herauslocken und sie dann voll gegen ihn verwenden. Beautiful.

Barbara hat sich gut mit Toblers Frau verstanden und sich mit ihr und den Kindern bereits zu einem Streichelzoobesuch verabredet. Passt perfekt ins Konzept. In Sicherheit wiegen und – Pedeng!

Tobler wird es noch leidtun, dass er sich in Hottingers Revier gewagt hat. Freiwillig die TYLCO verlassen und unverhohlen *Verkauf und Marketing* der CRONSA anvisieren. Denkste. Tobler wäre nicht der erste Aspirant auf diesen Posten, den Hottinger wegputzt. Wegbläst! Wegkatapultiert!

Barbara kommt aus dem Haus, stellt ein kaltes Bier auf

das Tischchen neben dem Liegestuhl, fährt ihm durch die Haare und verschwindet wieder so leise, wie es der Kiesweg zulässt.

Dass er Hasler nicht direkt beerbt hat, war Künstlerpech. Er hatte sich hinter den Kulissen sehr für dessen Scheitern engagiert, aber sich dann im letzten Moment aus taktischen Überlegungen auf dessen Seite geschlagen, als man plötzlich munkelte, Hasler habe bei der Wahl seines Nachfolgers ein Wörtchen mitzureden. Das Gerücht hatte sich als falsch erwiesen, und an Hottinger blieb der Makel hängen, er sei ein Hasler-Mann. Mag sein, dass er es mit dem Beweis des Gegenteils etwas übertrieben hatte, denn plötzlich stand in seinen Qualifikationen, er habe Subordinationsprobleme.

Den Betriebsunfall, dass für Hasler dann eine externe Lösung gesucht und Bäriswil gefunden wurde, betrachtet Hottinger als *die* Chance, das Gegenteil zu beweisen: dass er sich nämlich nicht nur spielend unterordnen, sondern seinem Chef auch problemlos in den Arsch kriechen kann. Und er denkt nicht daran, sich dabei von einem Seiteneinsteiger wie Tobler aus dem Feld schlagen zu lassen.

Mia und Nicolas kommen aus dem Haus. Jedes der Kinder trägt ein Eimerchen und ein Schäufelchen. Sie trotten stumm zum Sandkasten und setzen sich auf die Graniteinfassung.

Bäriswil ist eine Interimslösung, da ist sich Hottinger ganz sicher. In einem halben, spätestens einem Jahr wird der in die Unternehmensspitze berufen. Wenn man ihm das nicht in Aussicht gestellt hätte, wäre er doch bei der TYLCO geblieben.

Und an jenem Tag wird es weit und breit keinen anderen Kandidaten für dessen Nachfolge geben als Bäriswils Liebling, Protegé und Favoriten Hottinger. Bis dann wird er Tobler längst niedergemacht haben. Niedergewalzt! Plattgemacht! In der Luft zerfetzt! Pulverisiert! Ausgemerzt!

Vom Sandkasten klingt Kinderlachen herüber. Barbara erscheint am Küchenfenster und ruft: »Still, Kinder. Papi ist kreativ!«

Bäriswil kompensiert

Eines der Schlüsselwörter zum besseren Verständnis von Kurt Bäriswil ist »Haltung«. Mit ihr trägt er seine (seltenen) Niederlagen und feiert er seine Triumphe. Sie zeichnet ihn aus bei seinem Verhältnis zu Vorgesetzten und seinem Auftreten gegenüber Untergebenen. Sie bewahrt er in Situationen, in denen jeder andere sie verlieren würde.

Er könnte sich vorstellen, dass ihm das etwas Steifes, Formelles, vielleicht sogar Unnahbares verleiht. Aber das nimmt er gerne in Kauf. Denn Haltung erzeugt Respekt, noch ein Schlüsselwort zum besseren Verständnis von Kurt Bäriswil.

Respekt fördert die Karriere, wenn man es versteht, sich diesen zwar entgegenbringen zu lassen, ihn selber aber nur sehr dosiert zu bezeugen. Das heißt, nach oben großzügig, auf gleicher Ebene sparsam und nach unten knapp.

Alles nicht ganz einfach durchzuhalten. Deshalb braucht Bäriswil ab und zu ein wenig Kompensation. Und die holt er sich seit vielen Jahren vorwiegend in Liften.

Eine Liftfahrt ist bekanntlich eine willkommene Gelegenheit, Haltung zu üben. Wie übersteht man die Minute des Schweigens auf engstem Raum, ohne Verlegenheit aufkommen zu lassen. Wie widersteht man der Versuchung, eine Bemerkung zum Geschäftsalltag, zum Wetter, zur politischen Aktualität, zur bevorstehenden oder soeben beendeten Mahlzeit zu machen. Wie richtet man den Blick unangestrengt weder auf einen Mitfahrer noch auf die Schuhspitzen, noch an die Decke, noch in sich hinein.

Bäriswil meistert diese Aufgabe jeweils souverän. Aber in der gleichen Sekunde, in der sich die Lifttür hinter seinem letzten Mitfahrer geschlossen hat, lässt er sich gehen. Sackt in sich zusammen, lässt die Zunge raushängen, kratzt sich wie ein Pavian, lallt wie ein Besoffener, reißt sein ganzes Jugendrepertoire von Grimassen, nullhändig, einhändig, zweihändig.

Beim Kompensieren macht er keinen Unterschied zwischen Untergebenen und Vorgesetzten, Männern und Frauen. Höchstens dass er ihnen die jeweils geschlechtsspezifischen obszönen Gesten hinterherschickt.

Selbst als der Zufall es will, dass Wenger, der oberste Boss, dem vierten Stock seinen jährlichen Besuch abstattet und Bäriswil drei Stockwerke entspannt schweigend mit ihm den Lift teilt, macht er keine Ausnahme. Kaum hat Wenger den Lift verlassen, dreht Bäriswil der Lifttür den Rücken zu, hebt sein Jackett etwas an und streckt ihr den Hintern entgegen. Dann richtet er sich auf und übergibt sich pantomimisch bis zu seinem Stockwerk.

Drei Tage nach dieser Sternstunde der Kompensation begegnet er Stüdeli, Security, im Lift. Der einzige Mitarbeiter des Hauses, dem Bäriswil respekttechnisch etwas ratlos gegenübersteht. Der Mann steht zwar hierarchisch weit unter ihm, ist aber dank seiner Funktion in bestimmten Situationen mit gewissen Vollmachten ausgestattet, die keine Rücksicht auf hierarchische Stellung nehmen. Folglich bringt ihm Bäriswil ein wenig Respekt entgegen und lächelt, als sich ihre Blicke begegnen.

Stüdeli erwidert das Lächeln nicht. Aber als er aussteigt, deutet er diskret zur Decke und raunt Bäriswil zu: »Ein Tipp: Wenger schaut sich zum Vergnügen manchmal die Bänder der Überwachungskamera an.«

In telepathischer Harmonie

Vielleicht der einzige menschliche Zug an Wenger ist Maja, seine Frau. Das jedenfalls ist die übereinstimmende Meinung der Gesamtbelegschaft der CRONSA. Nur Ingrid Räber weiß durch ihre Tätigkeit als Telefonistin, dass Wengerling noch einen zweiten menschlichen Zug besitzt, ebenfalls weiblich und nach der Stimme zu urteilen eine ganze Anzahl Jahre jünger als er. Aber der einzige offizielle Hinweis darauf, dass unter Wengers stets etwas einengendem Zweireiher ein Herz schlägt, ist Maja Schneider ohne Bindestrich Wenger, eine Frau von unbestrittener Schönheit, aber zweifelhaftem Geschmack. Was Männer betrifft. Was sieht eine Frau wie sie, fragt sich die CRONSA, in einem Mann wie Wengerling? Geld und Macht können es nicht sein, die sind für eine Frau wie sie auch mit weniger Übergewicht und mehr Haaren zu haben.

Dieselbe Frage stellt sich in letzter Zeit auch Wengers Frau. Und auch sie hat darauf keine Antwort parat. Oder zumindest keine, die ihr geholfen hätte, der Ausstrahlung von Dieter Talmann zu widerstehen, den sie am Rande eines Geschäftsanlasses ihres Mannes kennengelernt und seither hin und wieder getroffen hat. Zuerst zu einem Drink, dann zu einem Lunch, dann zu einem Dinner. Und heute zu einem späten Frühstück.

Talmann kennt am Stadtrand ein Hotel mit einem Frühstücksbüfett, das bis Mittag geöffnet hat. Allerdings nur für Hotelgäste, weshalb er pro forma ein nettes Zimmer mietet. In dieses zieht sich Maja nach dem etwas ausgiebigen Champagnerfrühstück zu einer kleinen Siesta zurück. Talmann leistet ihr dabei Gesellschaft.

Kurz vor siebzehn Uhr werden sie von einem lauten Klopfen geweckt, obwohl Talmann vorsorglich das »Bitte-nicht-stören«-Schild an die Türklinke gehängt hat. Als vielreisender Geschäftsmann hält er die Störung für eine Minibarkontrolle, steht auf, hüllt sich in den großgeblümten Bettüberwurf, reißt die Tür auf und schreit: »Eine halbe Flasche Taittinger und zwei Bier, Sie Trampel!« Und findet sich mit einem Knie zwischen den Schulterblättern auf dem Teppich wieder. Und mit der Frage konfrontiert: »Gehört der braune Audi Ihnen?«

Maja Schneider Wenger kann das Bett nicht verlassen, weil sie noch immer für die Siesta gekleidet ist. Sie ruft: »Nein, mir!«

»Und Sie sind?«, fragt der Polizist, der nicht auf Talmann kniet.

»Maja Schneider.«

»Komisch, der Wagen ist auf einen Hans Wenger zugelassen.«

»Schneider Wenger«, stammelt Maja. »Ich bin seine Frau.«

»So, so, seine Frau«, antwortet der Polizist mit einem Seitenblick auf Talmann. »Warum meldet dann die Security der CRONSA das Fahrzeug als gestohlen?«

Als das Missverständnis aufgeklärt ist und sich Wengers Frau verabschiedet, bittet sie mit ihrem bezauberndsten Lächeln: »Ich wäre Ihnen sehr dankbar, wenn mein Mann von der Sache nichts erfahren würde.«

Und telepathisch entsteht ein Moment vollkommenster Harmonie zwischen Maja Schneider Wenger, Dieter Talmann und dem ihnen völlig unbekannten Stüdeli, Security.

Ein Hierarchieproblem

Es läuft gut für Hottinger. Elwita hat sich für Relloplus S211 entschieden, das Topmodell aus der Produktlinie, für die er verantwortlich ist.

Er kann den Auftrag zwar nicht als eigenen Akquisitionserfolg verbuchen, der Kunde ist von sich aus auf die CRONSA gekommen. Aber beim Neugeschäft ist es wie beim Fußball: Das Resultat zählt. Wie es zustande gekommen ist, interessiert kein Schwein.

Mit dem Elwita-Auftrag hat Hottinger das Jahresbudget praktisch schon erfüllt. Ein matchentscheidender Vorteil im Kampf um die Bäriswil-Nachfolge gegen den angeschlagenen Tobler.

Die Verträge werden auf Unternehmensleitungsebene gemacht. Aber schon am Tag nach der Unterzeichnung wird Hottinger hinzugezogen und mit der Abwicklung betraut. Noch in derselben Woche trifft er sich mit seinem Gesprächspartner auf Kundenseite zu einer kurzen Arbeitssitzung und einem längeren Arbeitslunch.

Sein Gegenpart heißt Mellinger. Sie sind etwa gleich alt und haben auch sonst viele Gemeinsamkeiten. Zwei Kinder im Vorschulalter, schweren Roten zum Fisch entgegen allen Regeln der Kulinarik und Norah Jones beim Autofahren. Als die beiden Le Relais verlassen, ist das Personal mit Ausnahme ihres mittlerweile etwas gereizten Kellners längst in der Zimmerstunde. Und als sie sich im Taxi verabschieden, weiß Hottinger: Das war der Anfang einer glücklichen Geschäftsbeziehung.

Aber es kommt noch besser: Beim Studium des Organigramms der Elwita wird ihm klar, dass Mellinger Vizedirektor und Mitglied der erweiterten Geschäftsleitung ist! Diese Entdeckung ist so sensationell, dass er sofort Barbaras Handynummer anruft und sie mitten in einer Warmwachshaarentfernung bei ihrer Kosmetikerin erreicht. Sie nimmt die sensationelle Neuigkeit etwas wortkarg entgegen.

Sensationell ist die Neuigkeit, weil es in der Branche bei der Kundenbetreuung eine eiserne Regel gibt: Der Betreuende ist hierarchisch nie unter dem Betreuten. In der Regel ist er eine Stufe höher, im Ausnahmefall gleichgestellt. Aber darunter? Never!

Über Hottinger steht in der Abteilung nur noch Bäriswil. Und der sieht sich zu höheren Aufgaben berufen als zum daily business. Die CRONSA wird das Problem nur lösen können, indem sie Hottinger endlich die überfällige Beförderung gewährt.

Am gleichen Abend feiert er mit Barbara schon einmal ein wenig vor, und am nächsten Tag begegnet er seinem Exrivalen Tobler bereits mit einer Mischung aus Nachsicht und Mitleid.

Es dauert nur zwei Tage, bis Hottinger zu Bäriswil gebeten wird. Dieser beginnt das Gespräch mit dem vielversprechenden Satz: »Wir mussten bei der Betreuung von Elwita ein Hierarchieproblem lösen.«

Hottinger nickt möglichst gelassen.

»Der Kunde wird den Auftrag in Zukunft etwas anders abwickeln. Ihr neuer Gesprächspartner ist ein gewisser Strub. Hervorragender Mann, Mellinger direkt unterstellt. Laden Sie ihn doch morgen zum Lunch ein. Es muss ja nicht gleich Le Relais sein.«

Odd Couple

Was ist mit dir?«, fragt Monika Bäriswil zum hundertsten Mal. Und zum hundertsten Mal antwortet ihr Mann: »Nichts, was soll sein?« Er kann ja nicht gut antworten: »Ich habe meinem CEO obszöne Gesten hinterhergeschickt, als er den Lift verlassen hatte. Und das ist von einer Überwachungskamera aufgezeichnet worden, deren Bänder er sich manchmal zum Spaß anschaut.« Monika würde es nicht verstehen.

Drei Nächte lang hat Bäriswil, sonst ein guter Schläfer, Pläne geschmiedet, wie er verhindern könnte, dass Wenger die Aufzeichnung zu Gesicht bekommt. Sie reichten von der Bestechung des für die Videoüberwachung zuständigen Security-Mannes Stüdeli über dessen Entführung bis zu dessen Ermordung. Und vom einfachen Diebstahl über den bewaffneten Raubüberfall bis hin zur Brandstiftung.

Auch Stüdeli hat eine schlechte Nacht hinter sich. Immer wieder wird er vom gleichen Alptraum geweckt: Wengerling als fette Raupe frisst riesige Löcher in ein Blatt. Als Stüdeli es ihm entreißt, ist es kein Blatt, sondern ein Badge mit der Inschrift: »Roland J. Stüdeli, Head of Security«.

Jetzt sitzt er im technischen Raum der Security wie in einer Todeszelle und wartet, bis es so weit ist. Sich den

Wagen des CEO vor der Nase wegklauen zu lassen würde bereits für eine Kündigung reichen. Aber nicht zu merken, dass es die Frau des CEO war, die den Wagen genommen hat, und die Polizei auf sie zu hetzen, das ist die fristlose.

Kurz nach zehn holt Bäriswil aus seinem Schrank die Flasche Baron de Sigognac, Bas Armagnac 1966, die er von einem Lieferanten zum Einstand bekommen hat. Geschätzter Marktwert: 200 Franken. Er verstaut sie in seiner Mappe, zieht den Mantel an und sagt im Vorbeigehen zu Frau Gartmann: »Bin gleich zurück.« Er geht zielstrebig durch den Gang, am Lift vorbei, durch die Tür zum Treppenhaus und die fünf Stockwerke hinunter zu den Räumen der Security. Er wird mit offenen Karten spielen und sich Stüdeli ausliefern. Er wird den Armagnac vor ihn hinstellen und sagen: »Glauben Sie, dass Sie das Tape der Liftüberwachungskamera vom 17. 4. eventuell verschwinden lassen können, Stüdeli?«

Noch immer wartet Stüdeli im technischen Raum auf seinen Henker. Schon dreimal hat er seinen Sicherheitscode ausprobiert und sich jedes Mal gewundert, dass er noch funktioniert. Könnte es sein, dass weder die Polizei noch Frau Schneider Wenger die Sache weitergemeldet hat? Um nicht weiter untätig herumzusitzen, ruft er seinen Gewährsmann bei der Polizei an.

Als Bäriswil leise den technischen Raum betritt, ist Stüdeli am Telefon und sagt gerade: »Wenn ich Wengers Frau wäre und ich hätte mir seinen Wagen ausgeliehen und der Security-Mann meines Mannes würde den Wagen als gestohlen melden und mich beinahe verhaften lassen, würde ich das meinem Mann doch brühwarm erzählen.«

Und nach einem kurzen Moment der Verblüffung: »Nicht, wenn mich die Polizei mit *wem* im Bett erwischt hätte?«

Bäriswil weiß: Das ist der Beginn einer ungleichen, aber nützlichen Freundschaft.

Tuben und Töpfchen

Das Weiße mit dem rosa Deckel und dem Goldfilet? Das ist ein *ultra-sérum*. Man trägt es gaaanz dünn unter der normalen Pflegecreme auf. Ein *réactiveur jeunesse*. Ein Anti-Age-Serum. Oder, wie der Angelsachse sagt: Ein *time fighting serum*. Zu dieser Übersetzung findet Tobler den besten Zugang. Was tut denn der Manager anderes, als gegen die Zeit anzukämpfen? Die Zeit, die ihm davonrennt, die Zeit, die immer knapper wird, die Zeit, die seine Entscheidungen überholt, die Zeit, die seine Karriere bremst.

Deshalb ist Tobler die Vorstellung angenehm, abends und morgens ein paar Tropfen *time fighting serum* auf den Gesichts- und Halsbereich zu applizieren.

Ach, das Rosarote mit dem schwach durchscheinenden Deckel? Das ist ausschließlich für den Augenbereich. Auch ein *serum*, aber nicht *time fighting* im eigentlichen Sinn, sondern eher im übertragenen: *super lift* und *multi-régénérant*. Das ist für wenn er am Vorabend wieder einmal einen *fight* gegen die *time* verloren hat. Das Produkt wirkt *extra-firming* im potentiellen Tränensackbereich.

Nein, nein, das andere ist nicht das Gleiche. Es sieht nur fast gleich aus. Es wirkt zwar auch extrafestigend im Augenkonturbereich, aber es ist *kein* Serum. Es ist eine

Creme und wird kurz vor dem Zu-spät-zu-Bett-Gehen eingesetzt. Gerade auf Geschäftsreisen von unschätzbarem Wert.

Das weiße Töpfchen mit dem schwarzen Deckel ist eine einfache Pflege- und Aufbaucreme für die Nacht. Parfumfrei. Gehört seit Jahren zu Toblers Standardausrüstung. Ein Klassiker im Gegensatz zur weißblauen Tube daneben. *Total wrinkle control*, bei Tobler noch in der Testphase. Die Produktbeschreibung klingt vielversprechend: Extrakte von Bisongras und chinesischer Galgantwurzel zur Belebung, Portulak zur Klärung und Beruhigung, Pflaumen zur Glättung und Ao-Nori-Algen zur kontinuierlich aktiven Anti-Falten-Wirkung. Dazu kommt Papaya zur Energiegewinnung (der Haut) und Koffein zur Straffung der Halspartie und Vorbeugung gegen das Doppelkinn. Ein Produkt wie geschaffen für die Managerhaut.

Das Große da? Steht doch drauf: *baume corps*. Enthält Olivenöl und Pfirsichextrakte. Für Tobler die bisher schlüssigste Antwort auf die Fragen der trockenen Haut. Diese Hotel-Bodylotions lässt er nicht an seinen Körper. Da ist nach einer einzigen Anwendung sein gesamtes hydrolipides Gleichgewicht im Arsch.

Also durchs Band absolut vernünftige und praktische Verbrauchsartikel, die in den Waschbeutel eines jeden zeitgemäßen Managers gehören, der es nicht darauf angelegt hat, vorzeitig zu altern. Vielleicht etwas feminin in der Anmutung, aber eigentlich *gender free* in der Anwendung.

Aber jetzt, wo die Tuben und Töpfchen in Reih und

Glied neben seinem Handgepäck stehen, wäre es Tobler doch lieber gewesen, er würde sich nicht ausgerechnet auf seinem ersten gemeinsamen *business trip* mit seinem schärfsten Rivalen Hottinger befinden.

Oder dieser würde Toblers Sicherheitscheck wenigstens nicht so verdammt solidarisch begleiten.

Unter Taktikern

Im Kampf um Bäriswils Gunst liegt Hottinger immer noch leicht in Führung. Seit dieser das bösartige Gerücht in Umlauf gebracht hat, Tobler habe sich negativ über Bäriswils Guru, Professor Michael E. Porter, geäußert, lässt Tobler zwar keine Gelegenheit aus, in Bäriswils Gegenwart Porter zu zitieren. Aber irgendwie wird er das Gefühl nicht los, es gelinge ihm nicht, den nie begangenen Fehler wiedergutzumachen.

Seit Wochen wartet Tobler auf die Gelegenheit, sich zu revanchieren und Hottingers Ansehen bei Bäriswil genauso zu schaden, wie dieser seinem geschadet hat.

Endlich sieht er seine Chance kommen, und zwar von einer unerwarteten Seite: Von der Löwen Bar, dem after work hangout des CRONSA-Kaders. Dort hat man nämlich für die Zeit der Fußball-EM einen Beamer und eine Leinwand installiert. Nicht um den Umsatz zu fördern – die Bar läuft gut –, sondern um Sandra, die fußballbegeisterte Barmaid – die Bar läuft gut wegen ihr –, davon abzubringen, ihre Ferien in die Zeit der EM zu verlegen.

Und da kommt Toblers Heimvorteil als Bäriswil-Experte wieder einmal zum Tragen. Er weiß aus der letzten EM zu Zeiten der TYLCO von zwei Besonderheiten Bäriswils. Erstens, dass dieser aus Gründen, die mit seinem Eheleben zu tun haben sollen, Fußballspiele außer Haus schaut. Und zweitens, dass er aus Gründen, die sich niemand erklären kann, ein bedingungsloser Anhänger der deutschen Nationalelf ist.

Tobler fasst einen teuflischen Plan: Er wird Hottinger kurz vor dem letzten Testspiel der Deutschen gegen die Schweizer über die erste Besonderheit informieren. Und ihm die zweite verschweigen.

Hottinger, der als umsichtiger Intrigant bei der TYLCO inzwischen seinen eigenen Informanten hat, weiß aber längst über beide Bescheid, als ihn Tobler über die eine informiert. Dafür, dass er ihm die zweite verheimlicht, findet er nur zwei Erklärungen: Tobler will ihn reinlegen. Oder er ahnt nichts davon. So harmlos, wie er Tobler einschätzt, tippt er auf die zweite.

Am Abend des Matchs erwarten sie Bäriswil gemeinsam in der Löwen Bar. Kurz vor Spielbeginn trifft dieser tatsächlich ein und kann nicht anders, als sich zu Tobler und Hottinger zu setzen.

Die drei geben ein seltsames Bild ab in der brodelnden Löwen Bar. Bäriswil, der es aus Autoritätsgründen sorgfältig vermeidet, vor Untergebenen Gefühle zu zeigen, verfolgt das Spiel mit der Emotionslosigkeit des wahren Experten. Tobler und Hottinger konzentrieren sich darauf, sich ihre wahren Sympathien nicht ansehen zu lassen, und lauern darauf, dass der andere für die falsche Seite Partei ergreift.

Beide verfolgen das Spiel mit unbeteiligter Kennerschaft und kühler Nachsicht für beide Mannschaften.

Und wenn es sich nicht um Chapuisats hundertstes Länderspiel gehandelt hätte, hätten sich bei dessen erster

Torchance wohl auch die verfeindeten Tiere in Tobler und Hottinger nicht von der Leine gerissen und wären nicht für diesen kurzen, karriereschädigenden Moment zu einem einzigen, jubilierenden Jaaaaaaa! verschmolzen.

Nicht einfach

Du rauchst ja wieder?«, ruft Anna Frei aus, noch bevor sie Ingrid Gartmanns Tischchen erreicht hat. Sie haben sich im Red Horse verabredet, einer etwas schummrigen Bar. Ingrid Gartmann hat sie vorgeschlagen, weil sie dort ziemlich sicher sein können, niemandem von der CRONSA zu begegnen. Anna ist verspätet, wie immer, und Ingrid bei ihrem zweiten Campari, wie immer öfter in letzter Zeit.

»Bäriswil«, sagt sie nur und bläst den Rauch durch die Nüstern.

Anna setzt sich. »So viel schlimmer als all die andern kann er nicht sein.«

»Nein. Aber ich ertrage es immer schlechter. Das ist wie bei Ärzten. Je älter sie werden, desto dünnhäutiger werden sie. Außerdem benutzt er *Russisch Leder*.«

»Das ist allerdings hart.«

»Er lässt seine Termine kollidieren und riecht nach *Russisch Leder*. Er diktiert analphabetische Briefe und riecht nach *Russisch Leder*. Er versteht kein Wort Französisch und riecht nach *Russisch Leder*. Er vergisst die Namen seiner engsten Mitarbeiter und riecht nach *Russisch Leder*. Er sieht aus, wie er aussieht, und riecht nach *Russisch Leder*.«

»Hör auf! Ich hatte mal einen Chef, der roch nach *Tabac*.«

»Auch nicht einfach.«

»*Aqua Velva.* Auch nicht einfach.« Die Barmaid steht neben dem Tisch und wartet auf Annas Bestellung. Sie heißt Lilly und ist eine Generation blonder als Ingrid und Anna. »Ich hatte mal einen mit *Aqua Velva.*«

»Chef?«, fragt Ingrid.

»Mann«, antwortet Lilly.

»Das geht ja noch, den hat man nicht den ganzen Tag um sich herum«, findet Anna.

»Aber die ganze Nacht. So bin ich auf diesen Job gekommen.«

»Wegen dem Eau de Toilette Ihres Mannes sind Sie Barmaid geworden?«, fragt Anna ungläubig.

»Nicht nur«, räumt Lilly ein.

»Ich kann das nachvollziehen.« Ingrid Gartmann leert ihr Glas und hält es der Barmaid hin. »Das ist wie bei Bäriswil. Das *Russisch Leder* allein nähme man ja noch in Kauf.«

»Heute würde ich anders vorgehen«, erklärt Lilly. »Heute würde ich es ihm sagen.«

Ingrid Gartmann überlegt. Dann schüttelt sie den Kopf. »Ich kann meinem Chef nicht sagen, er solle das Eau de Toilette wechseln. Dann kann ich gleich kündigen.«

»Das solltest du vielleicht«, schlägt Anna vor.

»Und dann?«

»Mit deinen Qualifikationen findest du doch jederzeit einen neuen Job.«

Ingrid seufzt. »Neuer Job, neuer Chef, neuer Duft, altes Lied.«

Die Barmaid mustert Ingrid Gartmann. »Wir suchen jemanden. Wie wär's?«

Anna bestellt einen Gin Tonic, und sie schauen Lilly nach, wie sie aufreizend langsam an die Bar zurückgeht. Ingrid Gartmann scheint ernsthaft über das Angebot nachzudenken.

»*Opium*«, raunt ihr Anna zu. »Auch nicht einfach.«

Operation Picknick

Ein Picknick ist für eine Führungskraft wie Bäriswil eine ganz normale Managementaufgabe. Bestehend aus Planung, Delegation, Motivation et cetera pp. Die besondere Herausforderung ist allenfalls der Umstand, dass das Team vorwiegend aus Laien besteht.

Monika, seine rechte Hand, neigt dazu, sich in den Planungsbereich einzuschalten und darüber ihre eigentlichen Aufgaben in den Bereichen Einkauf und Maintenance zu vernachlässigen. Luca (15) leidet unter Motivationsproblemen. Und Laura (13) sieht ihre Stärken eher außerhalb des Dienstleistungsbereichs.

Dazu kommt, dass das Projekt »Picknick KW 25« aus Prioritätsgründen nur einen sehr kleinen Teil von Bäriswils Planungskapazität in Anspruch nehmen darf. Was die Komplexität der Aufgabe spürbar erhöht.

Als groben Zielbereich wählt er das Dreieck Geeren – Witikon – Pfaffhausen. Erreichbarkeit, Topographie, Besiedlungsdichte und Vegetation scheinen ideal für das Vorhaben. Die Feineinstellung wird er an Ort und Stelle spontan vornehmen. Eine hervorragende Übung für die Flexibilität von Team und Führung.

Er wird je nach Wetterlage – die Prognosen deuten auf erträgliche Temperaturen, aber erhöhte Gewitterwahrscheinlichkeit hin – einen Schwierigkeitsgrad von 1 (Auto

in Sichtweite) bis 3 (Auto maximal einen Kilometer Geh-
distanz vom Picknickplatz) wählen. Hardwaremäßig bleibt
er klassisch: Klapptisch, Klappstühle, Grill, Kühlbox, diverse Tupperware, Federball. Nicht mehr, als man zu viert
in zwei Mal tragen kann. Bei der Bekleidung dekretiert
er light outdoor mit Regenschutz-Option.

Bäriswil ordnet persönlich den Einkauf und die recht-
zeitige Marinade des Grillguts an. Er bestimmt die Wahl
der Getränke und deren Vorkühlung auf – im Hinblick
auf die Transportwärmung – knapp über dem Gefrier-
punkt und delegiert das termingerechte Einfrieren der
Kühlelemente an Luca, der den Auftrag mit der Bemerkung »Scheiße, schon wieder Picknick« quittiert.

Da die Motivation des Teams in der Planungsphase in
Monikas Kompetenzbereich fällt, überhört Bäriswil die
Bemerkung. Erst als das Statement am Durchführungs-
tag selbst während der Beladung des Kofferraums – einer
traditionsgemäß heiklen, undelegierbaren Projektphase –
in verschärfter Form wiederholt wird (»Fuckpicknick«),
beruft er kurzfristig ein improvisiertes Motivationsmee-
ting ein. Und stellt dank seiner emotionalen Kompetenz
nach ziemlich kurzer Zeit eine essentielle Motivations-
krise fest, die auch Monika (»Können wir nicht einfach
einmal ein faules Wochenende machen?«) und Laura
(»Ich will nicht schon wieder im Wald hocken und ver-
brannte tote Tiere fressen!«) erfasst hat.

Dabei stellt sich – nicht zum ersten Mal – heraus, dass
sein familiäres Team einfach noch nicht reif ist für den
kollegialen Führungsstil. Er sieht sich gezwungen, auf
den autoritären zurückzugreifen.

Und Bäriswil zieht das Picknick voll durch. Trotz des früh einsetzenden Landregens, Monikas Wortkargheit, Lauras Schweigen und Lucas Skepsis (»megaverschissenes Kotzpicknick«).

Das Weekend gehört schließlich der Familie.

Der schwarze Hauser

Wenn Tobler ein paar Jahre jünger wäre, würde er eine rote Spraydose nehmen und an möglichst vielen gut sichtbaren Stellen der Stadt die Inschrift »Tobler hasst Hottinger« hinterlassen. Aber da er ein erwachsenes Mitglied des (oberen) mittleren Kaders der CRONSA ist, scherzt er mit Hottinger im Lift und nimmt mit ihm ab und zu einen zur Brust in der Löwen Bar.

Hottinger hasst Tobler nicht. Das wäre ihm zu viel der Ehre für dieses Würstchen. Er verachtet ihn lediglich. Das ist mit weniger emotionalem Aufwand verbunden. Kommt dazu, dass es einfacher ist, mit jemandem im Lift zu scherzen oder ab und zu einen zur Brust zu nehmen, wenn man ihn nicht hasst, sondern nur verachtet.

Beide sind so darin vertieft, den andern zu hassen beziehungsweise zu verachten, dass sie dem jungen Mann in Schwarz keine Beachtung schenken, dem sie seit ein paar Tagen im Korridor begegnen. Sie wissen zwar, dass er Hauser heißt und der neue Werbeleiter ist, Frau Gartmann hat ihn durch die Abteilung geführt, und beide haben ihm gönnerhaft einen guten Start gewünscht. Aber Tobler und Hottinger kommen beide aus dem Verkauf. Dort hat man gelernt, allem, was mit Werbung zu tun hat, mit einer gesunden Portion Skepsis zu begegnen.

Doch bald wird klar, dass Hauser sich nicht so einfach ignorieren lässt. Zum Beispiel trägt er keine Krawatte. Er trägt auch keine weißen Hemden. Auch keine hellblauen. Auch keine gestreiften. Eigentlich überhaupt keine Hemden. Er trägt Polos oder Turtlenecks oder T-Shirts, alle so schwarz wie seine Anzüge und seine Schuhe und seine Mappe und der Rand seiner Brille. Wenn er im Personalrestaurant sitzt, ist er so auffällig wie ein schwarzes Loch an einem Firmament voller blinkender Sterne.

Und dann dieses überlegene Lächeln. Immer, wenn Tobler oder Hottinger ihn anschauen, trägt er es. Ist es ein blitzschnelles Zurücklächeln, das er einen Sekundenbruchteil vor dem Angeblicktwerden aufsetzen kann? Oder trägt er es auch, wenn er unbeobachtet ist? Hat er Grund zu lächeln? Über etwas, das nur er weiß? Über etwas, das Tobler und Hottinger noch früh genug erfahren werden?

Ihre Irritation wächst, als ruchbar wird, dass Hauser schon drei Mal dabei beobachtet wurde, wie er nach Arbeitsschluss Bäriswils Büro verließ. Stüdeli, Security, kann es bezeugen.

Wird hier ein Kronprinz aufgebaut? Kann es sein, dass man oben auf die hirnverbrannte Idee gekommen ist, Bäriswils Nachfolger anstatt aus dem Verkauf aus der Werbeabteilung zu rekrutieren? Verkauf und Marketing in den Händen eines schwarzgekleideten Werbers? Steht das womöglich in Hausers Vertrag? Ist es das, worüber der ständig so wissend lächelt?

In der dritten Woche nach Hausers Firmeneintritt begegnen sich Tobler und Hottinger scherzend im Lift und nehmen danach in der Löwen Bar noch einen zur Brust.

Nach dem dritten Drink stellen sie fest, dass sie plötzlich etwas gemeinsam haben: einen Feind.

Bäriswils Runder

Nächsten Monat wird Bäriswil fünfzig. Der Tipp stammt von Ingrid Gartmann. Tobler ist sich lange unschlüssig, ob er ihn an Hottinger weitergeben soll. Schließlich gibt Eva – er pflegt taktische Fragen des zwischenmenschlichen Bereichs mit seiner Frau zu erörtern – den Ausschlag: Sie rät, es nicht zu tun. »Glaubst du im Ernst«, fragt sie, »Hottinger würde dich einweihen, wenn die Gartmann es ihm statt dir anvertraut hätte?«

Mit der Entscheidung, die Information für die eigenen Zwecke zu nutzen, ist die wichtigste Frage aber noch längst nicht beantwortet: Was schenkt man einem Bäriswil? Tobler ist nicht gut in Geschenken. Zum Beispiel hat er Eva zum letzten Geburtstag den gleichen Kaschmirschal geschenkt wie vor zwei Jahren. Aus dem gleichen Flughafenshop in London Heathrow.

Spontan fällt ihm Wein ein. Nicht einfach eine gute Flasche, sondern eine von Bäriswils Jahrgang, 1954. Er entdeckt im Internet einen. Château Latour, 1er Grand Cru Classé Paulliac. Den Preis, 782.00 Franken plus Versandspesen, findet er als Investition in seine Karriere gerechtfertigt. Erst als Eva fragt: »Und was, wenn er Zapfen hat?«, verwirft er die Idee.

Ein paar Tage liebäugelt er mit einer Büropflanze

und evaluiert systematisch Birkenfeige gegen Drachenbaum, Strahlenaralie, Palmlilie und die anspruchslose Efeutute. Die Vorstellung, sich bei seinem Chef durch etwas Lebendes täglich neu in Erinnerung zu rufen, gefällt ihm. Auch verspricht er sich viel von der Symbolik einer sich öffnenden Blüte oder eines sprießenden Blattes.

Es ist Eva, die ihn mit der Bemerkung »Denk aber auch an die Symbolik einer welkenden Blüte und eines fallenden Blattes« von der Geschenkidee abbringt.

Sie bringt ihn allerdings mit der Frage »Mag er Kunst?« auch auf die rettende Idee: einen Hebeisen!

Hebeisen ist der Schöpfer von »pink future«, dem abstrakten rosa Gemälde gegenüber von Bäriswils Schreibtisch. Tobler weiß noch aus seiner Zeit bei der TYLCO, dass Bäriswil Hebeisen sammelt. Der Mann arbeitet bestimmt auch kleiner. Und allzu teuer kann er auch nicht sein. Außer bei Bäriswil hat Tobler nämlich noch nie einen Hebeisen gesehen. Dass er nicht früher darauf gekommen ist!

Mit einem Hebeisen gibt er sich als Kunstliebhaber mit dem gleichen Geschmack zu erkennen, ist er täglich präsent in Bäriswils Büro und riskiert nicht, diesen mit Pflegeaufgaben zu belästigen wie bei einem Ficus oder einer Dracaena.

Mit Hilfe von Ingrid Gartmann findet er Hebeisens Adresse heraus und verabredet sich mit diesem zu einem Atelierbesuch. Eva nimmt er mit. Sie versteht mehr von Kunst und bietet auch Gewähr dafür, dass er sich finanziell nicht übernimmt.

Als sie endlich die abgelegene Garage finden, die Hebeisen als Atelier dient, steht bereits ein Auto davor. Die gleiche Marke wie das von Hottinger.

Und das gleiche Kennzeichen.

Golden Past

Lass uns abhauen«, raunt Tobler seiner Frau zu, als er Hottingers Wagen vor Hebeisens Atelier sieht. Aber da ist es schon zu spät. Die kleine Tür im Garagentor öffnet sich, und einer ruft: »Bist du Stefan Tobler? Ich bin Jo Hebeisen.«

Der Mann trägt einen farbverschmierten Overall und einen graumelierten Schnurrbart. Fehlt nur noch die Baskenmütze. Tobler bleibt nichts anderes übrig, als sich zu erkennen zu geben und Eva vorzustellen.

Im Atelier steht Hottinger, auch er in Begleitung seiner Frau. »Ach, wie lustig!«, stößt diese aus, und alle lachen. Aber niemand so herzlich wie Jo, der noch nie einen solchen Andrang von potentiellen Käufern erlebt hat.

Es ist auch Hebeisen, der das Schweigen bricht, das sich nach dem Gelächter über die Kunstfreunde legt wie Rauhreif an einem Februarmorgen über die Voralpen. »Wenn ihr befreundet seid, dann können wir ja die Präsentation gemeinsam fortsetzen, okay?«

Während der nächsten Stunde oder so trägt Hebeisen einen großen Teil seines Gesamtwerks, Œuvre für Œuvre, vom hinteren Teil in den vorderen Teil der Garage, stellt es gegen eine weiße Wand, erklärt es und nennt Titel und Preisvorstellung.

Tobler versucht verzweifelt, sich zu erinnern, ob er Hebeisen am Telefon gesagt hat, dass er Bäriswil kennt und das Bild ein Geschenk zu dessen Fünfzigstem sein soll.

»Ihr kennt doch bestimmt ›pink future‹, das bei Kurt im Büro hängt. Das hier ist das Pendant: ›golden past‹. Acryl und Blattgold auf Canvas.« Hebeisen stellt das Bild vor die Wand, geht ein paar Schritte zurück, kneift die Augen zusammen und fragt: »Hört ihr's?«

Die Ehepaare Tobler und Hottinger strengen sich an, aber hören tun sie nichts.

»Es schreit nach ›pink future‹.« Hebeisen lacht auf, und die anderen stimmen ein.

In das betretene Schweigen, das dem Lachen folgt, sagt er: »Etwas über deinem Budget, Anton, aber wenn Stefan mitmacht, müsste es doch drinliegen. Der Chef wird schließlich nur einmal fünfzig.« Und weil Hebeisen schon lange darunter leidet, dass »pink future« ohne sein Gegenstück »golden past« auskommen muss, rundet er den Preis auf vier ab.

Vielleicht hätten sich Tobler und Hottinger selbst zu diesen Bedingungen nicht zum Kauf entschlossen, wenn die beiden Frauen nicht wie aus einem Mund »vierhundert?« gefragt hätten. Um nicht auch als Kunstbanausen dazustehen, entschließen sie sich zum Kauf. Viertausend ohne Rechnung, Transport und Hängen inbegriffen.

Am Vorabend von Bäriswils Geburtstag wird »golden past« verschwörerisch unter Mithilfe von Stüdeli, Security, neben »pink future« gehängt.

Am nächsten Morgen kommt Bäriswil gleichzeitig mit

Tobler zur Arbeit. Er ist übernächtigt und unrasiert und geht grußlos an ihm vorbei.

»Armes Schwein«, seufzt Ingrid Räber, Empfang und Telefon, »am Vorabend seines Fünfzigsten zu erfahren, dass die Frau einen Liebhaber hat. Und dann noch einen Kunstmaler.«

Krisenmanagement

In der Krise bewährt sich der Manager. Auch in der Ehekrise. Deswegen tut Bäriswil nichts von dem, was andere Männer tun, wenn sie am Vorabend ihres Fünfzigsten erfahren, dass ihre Frau ein Verhältnis mit dem Kunstmaler hat, dessen Werk sie mit regelmäßigen Zukäufen gefördert haben. Den sie vorurteilslos in ihren Freundeskreis aufgenommen haben. Den sie in all den Jahren nie, nie auch nur ein Bier haben bezahlen lassen. Den sie an zwei Pfingstwochenenden in ihr Ferienhaus eingeladen haben. Den sie, seien wir ehrlich, nur ertragen haben, weil ihre Frau sie sonst für einen amusischen Apparatschik gehalten hätte. Den sie nämlich schon bei der ersten Begegnung für ein Riesenarschloch gehalten haben. Dessen Bilder ihnen im Grunde schon immer Brechreiz verursacht haben.

Aber Bäriswil reagiert mit der Kaltblütigkeit des Krisenmanagers. Er setzt sich an den Tisch (als einziges Zugeständnis an die Situation an einen in der Borsalino Bar) und macht eine saubere Krisenanalyse: Wo liegt das Problem? (Antwort: Hebeisen.) Wie ist es entstanden? (Antwort: Hebeisen.) Wo muss ich ansetzen? (Antwort: bei Hebeisen.) Wo liegen unsere Stärken? (Antwort: bei Kurt Bäriswil.) Wo unsere Schwächen? (Antwort: bei Monika Bäriswil.)

Er begeht auch nicht den klassischen Fehler der Krisenanalysten, die Ursache nur extern zu suchen. Er fragt sich ganz offen, ob er nicht vielleicht selbst zur Entstehung der Krise beigetragen habe. Durch häufige berufliche Abwesenheit. Oder durch gelegentliche, ebenfalls beruflich bedingte, außereheliche Zwischenfälle. Aber diese Möglichkeit verwirft er rasch. Nicht vergleichbar mit dem Fall Hebeisen.

Den analytischen Teil des Prozesses erledigt Bäriswil in großer Nüchternheit. Aber als er nach Lösungen zu brainstormen beginnt, gönnt er sich einen Chivas, dem er zur Förderung der Kreativität ein paar weitere folgen lässt.

Gegen Lokalschluss favorisiert er einen Lösungsansatz auf drei Ebenen: Ebene Monika: zu einem noch zu bestimmenden Punkt auf der Zeitachse Entschuldigung akzeptieren. Hebeisen: ruinieren. Hebeisens Bilder: abstoßen. Und zwar zu Dumpingpreisen. Er wird den Markt mit Hebeisens überschwemmen. Er wird seine gesamte Sammlung auf einen Schlag zu einem Spottpreis in sämtlichen relevanten Kunstzeitschriften seitendominierend inserieren.

Bei einem letzten Chivas entwirft er ein paar griffige Schlagzeilen und legt sich fest auf: »Aktion Hebeisen! Alle Bilder unter Materialwert!«

Den Rest der Nacht vor seinem Fünfzigsten verbringt Bäriswil auf dem Sofa seines Arbeitszimmers und wartet vergeblich darauf, dass Monika anklopft und um Verzeihung fleht. Kurz vor Morgengrauen weckt ihn der Gedanke, dass er kein Krisenkommunikationskonzept hat.

Wie behält er in der CRONSA die Informationshoheit über den Fall Hebeisen?

Als er mit leichter Verspätung und übernächtigt sein Büro betritt, atmet er auf. Die CRONSA weiß noch von nichts. Sonst hätten Tobler und Hottinger ihm bestimmt keinen Hebeisen geschenkt.

Worst Case

Tobler und Hottinger sitzen in der Löwen Bar beim zweiten Letzten. Schon wieder hat das Schicksal sie zusammengeschmiedet wie zwei verfeindete Kettensträflinge: Gerade waren sie dabei, sich von den Nebenschauplätzen Hauser und Hebeisen abzuwenden und sich wieder auf den Kampf der Giganten Tobler gegen Hottinger zu konzentrieren, da taucht, buchstäblich aus dem Nichts, Spielmann auf. Esther Spielmann.

Möglich, dass sie die Entwicklungen um die Ablösung von Welti nicht aufmerksam genug verfolgt haben. Es ging zwar um die Neubesetzung einer Funktion auf ihrer Hierarchieebene, aber Welti war nie ein ernstzunehmender Gegner gewesen. Und das setzten sie automatisch auch bei dessen Nachfolger voraus. Kein halbwegs vernünftiger Mensch konnte ahnen, dass es sich um eine Frau handeln würde.

»Ich sitze ahnungslos im Büro«, berichtet Hottinger, »da klopft es, und die Gartmann flötet: ›Dürfen wir kurz stöhören? Ich will Ihnen eine neue Kollegin vorstellen.‹«

»Genau wie bei mir. Hab grad Stockholm am Draht. Wink die beiden rein und versuch, das Gespräch abzuklemmen. Sie ist ja ziemlich hübsch.« Tobler nimmt einen Schluck von seinem Campari und ruft sie sich in

Erinnerung. Wie sie lächelnd in ihrem klassischen Tailleur – endlich mal wieder eine Frau, die Bein zeigt – an der Tür wartet, bis er sein Gespräch beendet, und im Stillen sein Englisch bewundert.

»Hübsch sind sie am schlimmsten«, stellt Hottinger fest. »Dann wollen sie beweisen, dass man hübsch *und* tough sein kann. Bei einem Mann spielt das nicht so eine Rolle. Der kann gut aussehen, ohne dass man denkt, der taugt nur fürs Bett.«

Bei diesem Satz fährt er sich mit der flachen Hand übers Haar. Für einen Moment flackert in Tobler der alte Hass auf Hottinger wieder auf, wird aber sofort von der akuten Krise verdrängt. »Als ich auflege, sagt die Gartmann: ›Darf ich vorstellen, Esther Spielmann. Für André Welti.‹ Und ich Idiot antworte: ›Ich dachte, der wird ersetzt.‹«

Hottinger kann sich, bei aller momentanen Solidarität, ein schadenfrohes Grinsen nicht verbeißen. Er schafft es gerade noch, es in eine schmerzhafte Grimasse zu verwandeln. »Autsch. Das wird sie dir nicht vergessen. Die haben ein Elefantengedächtnis.«

»Wer kann denn ahnen, dass die den Welti durch eine Frau ersetzen«, mault Tobler und lutscht am Rest seines Eiswürfels.

»Das kannst du laut sagen. Ich dachte zuerst auch, endlich legt Human Resources bei Schreibkräften auch mal ästhetische Maßstäbe an.« Hottinger winkt dem Kellner für die Rechnung. Aber als er kommt, bestellen sie beide noch einen Letzten.

Eine Weile sitzen sie trübsinnig vor ihren Drinks.

Dann sagt Hottinger: »Bei allem, was man gegen Frauen im Management sagen kann, einen Vorteil haben sie.«

»Nämlich?«

»Es gibt weniger.«

Wengers Selbstzweifel

Was macht eigentlich Wengerling?

Sein Wagen wird zwar sporadisch in der Tiefgarage gesehen, sein Eau de Toilette hängt gelegentlich im Lift, und Ingrid Räber lässt durchblicken, dass er ab und zu telefoniert. Aber seine Präsenz ist in den letzten Wochen noch virtueller geworden. Sie beschränkt sich auf Zitate, Entscheidungen und faksimilierte Unterschriften.

Aber wenn Wenger in der CRONSA nicht so spürbar ist, heißt das nicht, dass er sich nicht voll für sie einsetzt. Im Gegenteil: Solche Phasen sind sichere Zeichen dafür, dass er sich gerade jetzt intensivstens mit der CRONSA beschäftigt. Zum Beispiel mit deren oberster Führung, Wenger.

Wengers Ansprüche an diese sind nämlich nicht weniger hoch als diejenigen an alle anderen Komponenten des Unternehmens. Im Gegenteil: Die oberste Führung muss nicht mehr und nicht weniger als Weltspitze sein. Und damit er den Maßstab, den er an die Nummer eins der CRONSA legt, laufend verfeinern kann, investiert er einen beträchtlichen Teil seiner Arbeitszeit in das Studium der Management-Weltelite. Liest ihre Biographien und Interviews, verfolgt auf den Wirtschaftsseiten ihren geschäftlichen Werdegang und auf den People-Seiten ihren gesellschaftlichen. Die CRONSA hat einen Topmanager verdient, der den Vergleich mit der Crème de la Crème nicht zu scheuen braucht.

Nun findet er im Zuge seiner vergleichenden Studien in einem Interview mit einem Konzernchef eine Aussage, die ihn überdurchschnittlich beschäftigt. Der Mann behauptet, an sich selbst zu zweifeln sei Voraussetzung dafür, seine Sache gut zu machen.

Bis jetzt ist Wenger zwar stets vom exakten Gegenteil ausgegangen. Aber ein Blick auf den Aktienkurs des betreffenden Konzerns zwingt ihn, die Sache ernst zu nehmen. So ernst, dass er beschließt – wenigstens vorübergehend –, mit Selbstzweifeln zu experimentieren. Gleich nach der Lektüre des Interviews stellt er sich in der allein ihm vorbehaltenen Herrentoilette vor den Spiegel und versucht, an dem, der ihm dort entgegenblickt, zu zweifeln. Du bist gar nicht so gut, wie du glaubst, sagt er leise. Du besitzt auch nicht diese unglaubliche Ausstrahlung. Du siehst auch nur halb so gut aus. Bestenfalls!

Als sich nach fünf Minuten keine spürbaren Selbstzweifel einstellen, führt er das auf die Umgebung zurück. Wie können sich auch am Ort so vieler persönlicher Triumphe so etwas wie Selbstzweifel einstellen? Diese hegt man, soviel er weiß, nachmittags in leeren Bars vor halbvollen Gläsern.

Aber auch der Feldversuch schlägt fehl. Er kann sich noch so oft fragen: Hast du dich vielleicht geirrt? Hast du dich eventuell für die zweitbeste Lösung entschieden? Hast du gar einen Fehler gemacht? Die Antwort ist immer ein überzeugtes Nein, nein, nein!

Schließlich sieht er sich gezwungen, die ultimative Frage zu stellen: Ja, bist du Pfeife eventuell gar nicht in der Lage, an dir selbst zu zweifeln?

Jetzt, endlich, übermannen sie ihn mit aller Macht, die Selbstzweifel.

The Agency

Okay, vielleicht war der Zeitpunkt schlecht gewählt gewesen. Aber die Idee war gut. Hauser hatte immer gewusst, dass er nicht als Angestellter alt werden würde. Und als dann sein größter Kunde, Holidreams, nach einem etwas unvernünftigen Abend Chez Castro beim Chill-out im Chromo andeutete, dass er sich auch ein anderes Agentur-Kunden-Modell vorstellen könne als das auf der üblichen Prozentbasis und dass er mit K.L.J.G. schließlich nicht verheiratet sei, hatte Chris Hauser den Schritt in die Selbständigkeit gewagt.

Holidreams' Werbebudget war groß genug für ihn, eine Sekretärin, einen Art Director, einen Texter und ein ausbaufähiges, repräsentatives, loftiges Büro in der richtigen Gegend. Und weil er gelernt hatte, nicht alle eggs in one basket zu legen, hatte er auch noch zwei weitere, total auf ihn fixierte K.L.J.G.-Kunden mitgenommen. Einen aus dem Gebäudereinigungs- und einen aus dem Heimtextilsektor.

Der eigentliche Coup gelang ihm allerdings im New-Business-Bereich: Er hatte sich den von namhaften Agenturen umkämpften Account »Analphabetismus-Sensibilisierungskampagne« geschnappt. Damit war zwar keine goldene Nase zu verdienen. Aber was gab es Besseres als eine Kampagne der Kategorie public awareness messages, um der Welt zu zeigen, was heutzutage kreativ noch möglich ist.

Die Voraussetzungen für den neuen hot shop der Branche waren so perfekt wie sein Name: crea.sales.

Und dann: Nine Eleven, ein Tiefschlag für die Reisebranche im Allgemeinen und Holidreams (»Ihr Spezialist für USA und Middle East«) im Besonderen. Hausers Plädoyers für das Antizyklische in der Werbung stießen beim Kunden auf taube Ohren. Die TV-, Plakat- und Printkampagnen wurden auf Last-Minute-Radiospots reduziert, und Hauser musste seine ganze Kreativität auf Einsparungen bei der Katalogproduktion konzentrieren.

Der Gebäudereinigungskunde sah angesichts der Wirtschaftslage von der Imagekampagne »Sauber von innen« ab und verlegte sich auf reine Business-to-Business-Aktivitäten. Der Heimtextilkunde entdeckte das World Wide Web und ging – wegen deren angeblicher Interneterfahrung – zurück zu K.L.J.G.

Durch diese Entwicklung reduzierte sich die visibility von crea.sales praktisch auf null. Hauser blieb nichts anderes übrig, als vorübergehend Art Direction und Copy zu outsourcen und die ganze Hoffnung auf die Analphabetismus-Sensibilisierungskampagne zu setzen. Da war ihm und seinem Team nämlich ein wirklich großer Wurf gelungen: eine Plakatkampagne mit unleserlichen Schlagzeilen! Hey! Einfach Buchstaben, die keinen Sinn ergeben! Wie für die Analphabeten ja alle Schlagzeilen!

Die Zusammenarbeit war schließlich daran gescheitert, dass das elfköpfige Gremium des Auftraggebers genau diese Kampagne wollte. Nur mit leserlichen Schlagzeilen.

Heute ist Hauser Werbeleiter bei der CRONSA.

Heiße Nacht bei Hottingers

Bereits zum dritten Mal tastet sich Hottinger zum Wäscheschrank und versucht, die Schublade mit den Pyjamas zu öffnen, ohne Barbara aufzuwecken. Es gelingt ihm zum dritten Mal, obwohl die Schublade jedes Mal ein klagendes Geräusch verursacht. Langsam hat er seine Frau im Verdacht, sie stelle sich schlafend, um nicht fragen zu müssen, was los sei. Warum er bei diesen herbstlichen Temperaturen seine Pyjamas durchschwitze und warum er mit unterdrückten Schreien aus dem Schlaf aufschrecke.

Hottinger nimmt einen frischen Pyjama und gibt sich Mühe, die Schlafzimmertür geräuschlos zu öffnen. Er geht ins Bad, hängt den durchgeschwitzten Pyjama als stillen Vorwurf über den Rand der Badewanne, neben den anderen. Dann zieht er den frischen an und betrachtet sich im Spiegel.

Der Anblick beruhigt ihn. Nein, diesem Mann passiert das nicht im richtigen Leben, was ihm soeben im Traum widerfahren ist. Diese selbst in einem etwas zu himmelblauen Pyjama und mit zerzausten Haaren vertrauenerweckende Erscheinung wird nie in einer Gärtnerschürze am Zaun stehen und Frau und Kindern nachwinken, die ihren geregelten Tätigkeiten nachgehen.

Er greift zum Kamm, zögert und legt ihn wieder zurück. Falls Barbara inzwischen doch erwacht ist, will er ihr nicht gekämmt gegenübertreten. Sie soll ruhig merken, dass er nicht nur der Fels in der Brandung ist, für den er sich ausgibt. Warum sollte er nicht auch einmal etwas von seiner sensiblen Seite durchscheinen lassen?

Barbara hört ihn die Badezimmertür schließen und stellt sich schlafend. Schon die halbe Nacht geistert er herum in der Hoffnung, dass sie davon erwacht. Aber diesmal hat sie keine Lust, sich einen seiner Träume anzuhören, die alle immer nur von seiner Arbeit handeln.

Die Schlafzimmertür öffnet er in einer Lautstärke, bei der sie noch halbwegs glaubwürdig weiterschlafen kann. Aber als er sie schließt, sieht sie sich gezwungen, Licht zu machen und zu fragen: »Also: was?«

Sie hat natürlich recht: Der Traum handelt von Antons Arbeit. Nur dass er sie diesmal verloren hat. Er hat geträumt, er sei langzeitarbeitslos und kümmere sich um den Haushalt und den Garten, während sie die Familie durchbringt.

In einer anderen Nacht nach einem weniger hektischen Tag hätte sie vielleicht nicht gesagt: »Na und? Das wäre vielleicht einmal eine ganz wertvolle Erfahrung.« So gut kennt sie ihren Mann ja nun inzwischen, um zu wissen, dass ihm, was seine eigene Person betrifft, jegliche Ironie fremd ist.

Seine anfänglichen Zweifel, ob er der Aufgabe gewachsen wäre, zerstreut er rasch. Gegen halb drei Uhr hat er konkrete Änderungsvorschläge zur Haushaltsführung entwickelt. Nach drei Uhr beginnt er sich mit dem

Gedanken anzufreunden, kurz vor vier gewinnt er der Sache den Zusatznutzen ab, dass er dann immer zu Hause und für die Familie da wäre. Kurz nach vier schläft er.

Es ist weit nach fünf, als sich Barbara Hottinger zum Wäscheschrank tastet und sich einen frischen Pyjama holt.

Kleine Karrierepanne

Den Job bei der CRONSA hatte Esther Spielmann in ihrer Karriereplanung nicht vorgesehen. Sie betrachtet ihn als Strafrunde. Selbstverschuldet und verdient. Eine Zwischenetappe im Rennen um die vorderen Plätze des Managements, die in ihrem Curriculum, falls überhaupt, als »Managementerfahrung im Investitionsgüterbereich« auftauchen wird.

Sie könnte sich heute noch ohrfeigen für den Fehler, der sie bei ihrem früheren Arbeitgeber den Vice President gekostet hat.

Es gab nach gesundem Menschenverstand damals außer ihr nur drei ernstzunehmende Anwärter auf den Posten: Hitzig, Kauter und Gürtler. Und alle drei hatte sie im Griff. Denn sie besaß, das konnte jeder bestätigen, den besten Draht zu Locher, dem entscheidenden Mann. Ach was: Sie hatte den Mann im Sack. Sie hatte ihn studiert. Etwas, was Männer nicht können. Die schließen von sich auf die anderen. Typischer Männerfehler. Versuchen den Chef mit dem zu beeindrucken, wovon sie sich selbst beeindrucken lassen. Nicht so Esther Spielmann. Sie schaut eine Weile zu, und dann weiß sie genau, was beim anderen verfängt. Und vor allem: was nicht.

Zum Beispiel Negativwerbung. Den Konkurrenten

73

schlechtmachen, um selbst besser dazustehen. Ein Fehler, den Hitzig machte. Seit sie diesem den vertraulichen Tipp gegeben hatte, Kauter tue es. So einfach ist dieses Geschlecht zu manipulieren.

Natürlich war Locher nicht unempfänglich für üble Nachrede. Aber man musste die richtigen Kanäle wählen. Wenn er zum Beispiel von Sylvia Gasser, der Assistentin der Marketingleitung, erfuhr, dass Gürtler überfordert sei, dann fiel das nicht auf die Informantin zurück. Die war ja unverdächtig. Aber Locher würde Gürtler fortan unter dem Aspekt der Überforderung betrachten. Deswegen suchte Esther Spielmann die Freundschaft von Sylvia Gasser. Etwas, was bei ihren Konkurrenten zu Missverständnissen geführt hätte. Sylvia Gasser war sehr attraktiv.

Oder Anhimmeln. Natürlich wusste Locher es zu schätzen, wenn man ihn anhimmelte. Er liebte Untergebene, die ihn anhimmelten. Aber er respektierte sie nicht. Esther Spielmann war sich sicher, dass Locher nie jemanden zum Vice President gemacht hätte, der ihn anhimmelte. Und dieses Wissen nutzte sie schamlos aus. Nicht, indem sie ihn nicht anhimmelte, sondern indem sie ihn derart anhimmelte, dass Hitzig, Kauter und Gürtler nicht anders konnten, als es ihr gleichzutun.

Nur kannten die drei den Unterschied nicht: Von einer Frau angehimmelt zu werden betrachtete Locher als naturgegeben. Es minderte den Respekt nicht, den er ihr entgegenbrachte. Im Gegenteil: Es zeugte in seinen Augen von Sachverstand, Menschenkenntnis und gesunden Instinkten. Während sich also ihre Mitbewerber bei jedem

Meeting mehr ins Abseits himmelten, stiegen Esther Spielmanns Chancen mit jedem Tag.

Bis dann Sylvia Gasser, die Assistentin der Marketingleitung, völlig überraschend zum Vice President befördert wurde.

Typischer scheiß Männerfehler: Frau unterschätzt.

Toblers Mitreisender

Regentropfen ziehen ihre schrägen Bahnen über das Zugfenster. Der Morgen ist so dunkelgrau, dass sich das Waggoninnere in den Scheiben spiegelt. Das erlaubt Tobler, einen Mitreisenden unauffällig zu beobachten.

Der Mann hat ein Viererabteil mit Tisch in Beschlag genommen. Sein Mantel liegt sauber gefaltet auf der Gepäckablage, das Jackett hängt am Haken, die schweren Gegenstände hat er aus den Taschen genommen, damit es nicht aus der Fasson gerät.

Der Aktenkoffer ist geöffnet und gibt den Blick auf diverse Mäppchen frei und auf ein Sortiment verschiedenfarbiger Magic Marker in einem eigens dafür vorgesehenen Fach im Kofferdeckel. Daneben liegen: ein Handy, ein Laptop, ein persönlicher digitaler Assistent, ein Apfel.

Der Mann hält ein Diktiergerät vor den Mund und sagt Sätze wie: »Diesbezüglich sich mit Headoffice kurzschließen, nach Absprache i.w. Task force updaten, wie gehabt.« Dann legt er das Diktiergerät in den Aktenkoffer und nimmt sich den Laptop vor. Dieser ist während des Diktats aufgestartet, die Assistentin, die den Text abtippt, wird im Hintergrund die vertrauten Bereitschaftsgongs hören. Der Mann beherrscht das Zehnfingersystem. Eine Zeitlang begleitet das hurtige Klicken der Tasten das Geräusch des Zuges.

Das Klicken hört auf. Der Mann schaut auf die Uhr. Es ist drei Minuten nach acht. Er greift zum Handy und stellt eine Nummer ein. Dreimal muss es klingeln, bis er sagen kann: »Ja, Frau Schär, ich bin's, ist Bugmann schon eingetrudelt?« Und etwas später: »Okay, sagen Sie ihm, ich hätte angerufen, er soll – oder nein, geben Sie mir Haffner. – Aha, auch nicht. Okay: Der Erste, der eintrifft, soll mir funken. Ich bin noch bis halb neun auf Empfang.«

Der Mann legt das Handy auf den Tisch zurück, fischt ein Klarsichtmäppchen aus dem Aktenkoffer und entnimmt ihm ein paar geheftete Schreibmaschinenseiten. Er überfliegt sie diagonal, hält inne, greift zu den Markern, entscheidet sich für Leuchtorange und markiert eine Stelle.

Und wieder greift er zum Handy, wählt eine Kurznummer, wartet, ohne seine diagonale Lektüre zu unterbrechen. »Hallo, Kevin, wie war's gestern, erzähl? Super? Mega? Geil? Und die Aufgaben? No problem? Du, ist Mami schon auf? Ja, gib mir sie doch rasch, tschü-üss.«

Der Mann wartet und legt das Papier in sein Mäppchen zurück, klebt einhändig ein Post-it drauf und notiert etwas darauf.

»Ja hallo, Schatz. Heute sind wir ja bei Schürchs? Managst du die Kids? Ich komme neunzehnnullneun an, reicht nur für einen kurzen Boxenstopp. Blumen? Nein, sie hat Heuschnupfen. Irgendetwas Süßes. Tschüssli.«

Der Mann greift zum Diktiergerät. »Idee zur Modellreihe GG 12: Alle sichtbaren Verbindungsteile verchromt!«

Was es doch für Arschlöcher gibt, denkt Tobler, wendet den Blick vom spiegelnden Bahnfenster ab und schaut provokativ zum Mitreisenden hinüber.

Das Abteil ist leer.

Aber als er zurück ins Spiegelbild schaut, ist der Mann wieder da.

Nachtschicht

Die Zeiten, als sich das Management gegenseitig mit Überstunden übertrumpfte, sind vorbei. Ein Manager, der seine Arbeit nicht in ungefähr hundertzwanzig Prozent seiner offiziellen Arbeitszeit bewältigen kann, gilt bald als überfordert.

Deswegen hat sich Tobler angewöhnt, einen Teil seiner Überstunden heimlich zu leisten. Er stempelt sich dann zwar immer noch als einer der Letzten aus, aber noch zu einer Zeit, die beweist, dass er seine work-life-balance einigermaßen im Griff hat. Er fährt seinen Wagen in ein nahes Parkhaus, nimmt in einem nicht von CRONSA-Mitarbeitern frequentierten Café eine Kleinigkeit zu sich und schleicht sich im Schutz der Dunkelheit in die Firma zurück. Dort arbeitet er, ohne sich eingestempelt zu haben, so lange wie eben nötig.

Natürlich könnte er die Arbeit auch mit nach Hause nehmen. Aber er muss auch an die Familie denken: Zu Hause arbeiten schadet seinem Image als Unentbehrlicher, den die Firma nicht nach Hause lassen will.

Diese Woche stehen Toblers Chancen, sein Pensum in der Arbeitszeit zu erledigen, besonders schlecht. Bäriswil hat ihm aufgetragen, bis Freitag einen ausführlichen schriftlichen Report über den Stand sämtlicher Projekte in seinem Bereich abzuliefern. Kein Problem, hat er gesagt. Im Chor mit Hottinger, der den gleichen Auftrag gefasst hat. Also undenkbar, auch nur den Anschein von Überstunden zu erwecken. Jeden Abend stempelt Tobler vor Hottinger aus und arbeitet dann inkognito bis spät in die Nacht.

Am Abend vor der Deadline steckt er sein Badge besonders früh in den Schlitz und ruft Stüdeli, Security, übermütig zu: »Genug für heute!« Er muss über zwei Stunden im Café Albula in alten Illustrierten blättern, bis er sicher sein kann, dass auch die Putzequipe die CRONSA verlassen hat. Als er sein Büro betritt, macht er die Deckenbeleuchtung nicht an, damit sein Bürofenster nicht wie eine Leuchtreklame für seine Überforderung von der dunklen Fassade strahlt. Er arbeitet beim abgeschirmten Licht seiner gedimmten Schreibtischlampe.

Kurz nach zehn hört Tobler, wie sich der Lift in Bewegung setzt. Wahrscheinlich der übereifrige Stüdeli, Security, der heute Spätdienst hat. Hat einen Lichtschimmer in Toblers Fenster gesehen und kommt jetzt nachschauen.

Tobler löscht die Lampe und verlässt das Büro. Er schafft es gerade noch in den Putzraum, bevor die Lifttür sich öffnet. Durch den Türspalt fällt das Licht der aufflackernden Korridorbeleuchtung, dann Schritte und das Öffnen einer Tür. Dann Stüdelis Stimme. »Hallo?« Dann die nächste Tür.

Tobler macht sich ganz klein hinter dem Putzwagen und überlegt, wie er seine Anwesenheit im Putzraum erklären soll. Er sieht die Schatten von Stüdelis Füßen unter dem Türspalt. Sie bleiben stehen. Aber nach einer

Ewigkeit gehen sie weiter. Die Schritte entfernen sich. Er hört die Lifttür. Dann erlischt das Licht unter dem Türspalt.

Tobler atmet auf. Er kriecht hinter dem Putzwagen hervor und macht Licht im Putzraum.

Und blickt in die blinzelnden Augen von Hottinger.

Eine gezielte Indiskretion

Ich weiß ja nicht, Herr Tobler, wie Sie zu Hottinger stehen, aber auf die Gefahr hin...« Esther Spielmann lässt den Satz in der rauchigen Luft der Löwen Bar hängen und schaut Tobler in die Augen.

»Wir sind Kollegen, mehr nicht«, beeilt er sich zu versichern und wartet auf die Fortsetzung.

Aber Esther Spielmann drückt nur ihre kaum angerauchte Zigarette aus und schweigt.

Tobler schaut auf ihre Nägel, die im Rot der Lippenstiftspuren auf dem Filter lackiert sind, und plötzlich wird ihm klar, weshalb Frauen, die es im Management zu etwas bringen wollen, früher aufstehen müssen als Männer: Die müssen garantiert eine Stunde für Make-up und Maniküre einrechnen. »Meinetwegen brauchen Sie in Bezug auf Hottinger kein Blatt vor den Mund zu nehmen, ich habe da auch meine Vorbehalte.«

»Ach«, sagt sie und setzt sich etwas bequemer hin, »erzählen Sie.«

Eigentlich wollte Tobler ja erfahren, was *sie* gegen Hottinger einzuwenden hat, aber um ihre Zunge zu lösen, sagt er: »Er ist... ähm... nicht so ehrlich.«

Esther Spielmann ist so schockiert, als hätte Tobler gesagt, Hottinger sei Freebase-Raucher. Sie braucht einen

Schluck von ihrem Gin Tonic, bevor sie fragen kann: »Wie äußert sich das?«

Tobler zuckt die Schultern und lässt Esther Spielmann zappeln, bis er sagt: »Ach, ich weiß nicht, ob wir das weiter ausführen sollten.«

Esther Spielmann übergeht seine Bedenken. »Unehrlich privat oder beruflich?«

»Das lässt sich nicht trennen. Wenn einer beruflich Überstunden unterschlägt, kann er auch privat nicht aufrichtig sein.«

»Unterschlägt? Überstunden?«, staunt Esther Spielmann. »Sie meinen: fälscht.«

»Nein: unterschlägt.« Tobler passt auf, dass ihm das Lächeln nicht zu triumphierend gerät. »Er stempelt aus, schleicht zurück ins Büro und arbeitet noch ein paar Stunden.«

»Und weshalb sollte er so was tun?«

Fassungslos steht ihr gut, denkt Tobler. Er antwortet mit einem vagen: »Wirkt weniger überfordert.«

»Sie meinen … Nein, das kann ich nicht glauben«, stammelt Esther Spielmann. »Sind Sie sicher?«

»Ziemlich. Kürzlich höre ich spätabends im Putzraum ein Geräusch. Als ich nachschaue, stoße ich dort auf Sie wissen schon wen.«

»Hottinger? Er macht heimlich Überstunden im *Putzraum*?«

Tobler lacht. »Nein, dort hat er sich versteckt, damit ich ihn nicht dabei erwische.«

Jetzt fällt es ihr wie Schuppen von den Augen. »Ach so! Mein Gott!«

»Aber das bleibt unter uns.«

»Klar. Ich bin einfach dankbar, dass ich weiß, mit wem ich es zu tun habe.«

Sie macht noch ein paar Minuten lang ein dankbares Gesicht, dann verabschiedet sie sich.

Am nächsten Abend beim Apéro im Red Horse sagt sie: »Ich weiß ja nicht, Herr Hottinger, wie Sie zu Tobler stehen, aber auf die Gefahr hin ...«

Anruf in Abwesenheit

Kurz vor der Ausfahrt ertönt der VIP-Klingelton, *Einzug der Gladiatoren* von Julius Fučik. Tobler ist spät dran. Er befindet sich mit leicht überhöhter Geschwindigkeit auf der Überholspur, das Handy in der linken Innentasche des Sakkos, und das Sakko ordentlich gefaltet auf dem Rücksitz.

Die Liste der möglichen Anrufer ist kurz. Es kann sich nur entweder um den Vorsitzenden des Verbandes der Schweizer Unternehmer, einen der Chefredakteure der drei wichtigsten deutschsprachigen Wirtschaftszeitungen, den Präsidenten des Rotaryclubs seines potentiellen Einzugsgebiets oder Wengerling handeln. Dass der *Einzug der Gladiatoren* ertönt, ist noch nie vorgekommen, seit Tobler das polyphone Handy besitzt. Davor hatte er für VIPs die monophone Fassung der *Wilhelm-Tell*-Ouvertüre programmiert. Aber auch die war nie erklungen. Tobler hatte die Nummern mehr aus Repräsentationsgründen programmiert. Für den Fall, dass ihm einmal jemand über die Schulter schaut. Und jetzt, ausgerechnet jetzt, wo er seinen ersten VIP-Anruf bekommt, befindet sich das Handy im Sakko auf dem Rücksitz.

Bis er endlich mit blinkenden Warnlichtern auf der Pannenspur steht, ist das Handy verstummt. Er fischt es aus der Innentasche – auf dem Display steht: *1 Anruf in Abwesenheit.* Tobler drückt auf *Zeigen,* und jetzt erscheint *Hans Wenger, Handy.* Das *Hans* hatte er hinzugefügt, um den Eintrag vertraulicher erscheinen zu lassen.

Wengerling! Ruft ihn auf dem Handy an! Über eine halbe Stunde nach Arbeitsschluss! Das muss etwas Privates sein! Vielleicht eine dieser legendären Privateinladungen für Mitglieder des gehobenen mittleren Kaders, die sich Wenger für besondere Aufgaben vorgemerkt hat.

Tobler drückt auf die grüne Taste und wartet auf den Rufton. Wengers Anrufbeantworter meldet sich, wahrscheinlich spricht er gerade. Tobler hinterlässt in vertraulichem Tonfall die folgende Nachricht: »Jaherrwenger, hiertobler, ich hab Sie auf dem Display, versuchsspäterwieder.«

Dann wählt er, immer noch blinkend auf dem Pannenstreifen, die Nummer von zu Hause. Der Babysitter meldet sich. Jetzt fällt ihm ein, dass er mit Eva verabredet ist. Sie hat Karten für irgendetwas. Er wählt ihre Nummer. Schade, dass er ihr Gesicht nicht sieht, wenn er ihr die Neuigkeit erzählt.

Aber auch bei seiner Frau meldet sich der Anrufbeantworter. Er hinterlässt in gereiztem Ton die folgende Nachricht: »Was ist es diesmal? Handy vergessen? Ausgeschaltet? Auf stumm geschaltet? Nicht aufgeladen? Wollte nur etwas Wichtiges erzählen.«

Tobler zuckt zusammen, als sein Handy vibriert. Es meldet eine neue Nachricht auf seinem Anrufbeantworter. Als er sie atemlos abhört, meldet sich statt Wenger die aufgebrachte Stimme seiner Frau:

»Ich stehe hier mit zwei Karten für die Kulturwerk-statt Niederstraße wie bestellt und nicht abgeholt vor der CRONSA, mein Handy geht nicht, und ich wäre total auf-geschmissen, wenn ich nicht das von diesem netten Herrn hier benutzen dürfte.«

Das Jubiläum

Im Oktober ist Müller zehn Jahre in der CRONSA. Zehn nicht ganz erfolglose Jahre, wie er für sich in Anspruch nehmen darf. Auch wenn das von ganz oben nicht richtig gewürdigt wird. Ganze zwei Beförderungen seit Firmeneintritt, zuletzt die zum Stellvertreter des Abteilungsleiters, der – kleiner Schönheitsfehler – inzwischen durch einen Quereinsteiger ersetzt worden ist. Das war ein harter Schlag gewesen, aber er hatte sich damit getröstet, dass man ganz oben wohl andere Pläne mit ihm hat.

Nur gab es in letzter Zeit nicht besonders viele Gelegenheiten, sich ganz oben in Erinnerung zu rufen. Deswegen kommt ihm das Zehnjährige wie gerufen.

Ein zehnjähriges Jubiläum zwingt die Unternehmensleitung, sich mit dem Mitarbeiter näher zu befassen. Was ist das für ein Mensch, der unserem Unternehmen zehn Jahre die Treue hält? Was war und ist seine Motivation? Wie sieht sein Leistungsausweis aus? Und, vor allem: Was hat das Unternehmen getan, um sich solcher Treue würdig zu erweisen?

Müller ist überzeugt, dass diese Bilanz für ihn sehr, sehr positiv ausfallen wird. Auch Ines, seine Frau, die seinen Werdegang wenn auch aus zweiter Hand, so doch aus nächster Nähe verfolgt hat, sieht das so. Mit der Einschrän-

kung allerdings, dass sie die Möglichkeit nicht ganz aus-
schließt, die könnten das Jubiläum übersehen. Wie damals das Zwanzigjährige von Frey.

Für Müller ist gerade der Fall Frey Garant dafür, dass
das Management sich einen solchen Fauxpas nicht mehr
leisten wird. Aber zu Ines' Beruhigung fängt er an, bei
Gelegenheit kleine Reminiszenzen aus der Zeit seiner
Anfänge anzubringen.

Zum Beispiel: »Als ich damals mit Huwyler in Kopen-
hagen war, sorry, an Huwyler können Sie sich natürlich
nicht erinnern, der war lange vor Ihrer Zeit.«

Oder: »Vom papierlosen Büro war hier schon die
Rede, als ich eintrat, und das sind jetzt bald, lassen Sie
mich nachrechnen…«

So streut Müller in der ganzen CRONSA Hinweise auf
sein bevorstehendes Jubiläum, wie Hänsel und Gretel
Brotkrümel im Wald. Und hofft, dass eines davon irgendwie den Weg nach ganz oben finden wird. Denn der
direkte Zugang zu dieser Ebene ist im Organigramm für
ihn noch nicht vorgesehen.

Aber dann kommt ihm auf einmal der Zufall zu Hilfe:
Er kehrt mitten am Vormittag von einem Kundenbesuch
zurück und trifft im Lift keinen Geringeren als – Wengerling, der gerade sein Tagwerk beginnt. Nach ein paar Stock-
werken des Schweigens fasst er sich ein Herz und sagt:
»Immer, wenn ich in diesem Lift fahre, muss ich an Wie-
land denken, der eine ganze Nacht mit Frau Stettler hier
eingeschlossen war. Das ist jetzt bestimmt bald zehn Jahre
her.«

Am gleichen Tag, bei der Restrukturierungssitzung

der obersten Geschäftsleitung, fragt Wenger: »Müller, Müller, ist das nicht der, der ständig von früher redet?«

Den übrigen Sitzungsteilnehmern ist das auch schon zu Ohren gekommen, und man beschließt, Müller definitiv nicht auf die Liste der Zukunftsträger zu setzen.

Was den Vorteil hat, dass Sie sich keinen neuen Namen zu merken brauchen.

Toblers Weiterbildung

Man soll nie aufhören, in seine Karriere zu investieren. Mit diesem Argument begründet Tobler seiner Frau gegenüber die zweitausendsechshundertvierzig Franken für »Leading the market«, ein Seminar für Decision-Makers im Marketing. Der Kurs hat den Vorteil, dass er über ein kaum verlängertes Wochenende stattfindet (Anreise Freitagnachmittag, Abreise Montagvormittag) und Tobler inoffiziell teilnehmen kann.

Die CRONSA steht zwar der Weiterbildung ihrer Führungskräfte aufgeschlossen gegenüber, vor allem, wenn diese selbst dafür bezahlen. Aber sie sollte schon einige Kriterien erfüllen. Zum Beispiel das der Funktionsangemessenheit. Und Tobler ist nun einmal kein Marketing-Decision-Maker im eigentlichen Sinn des Wortes.

Auf diese Funktionsangemessenheit kommt auch Eva zu sprechen. Aber er zerstreut ihre Bedenken. »Glaubst du, man muss der Anmeldung ein Organigramm beilegen? In diesen Zeiten sind die froh um jeden zahlenden Teilnehmer.«

Tobler behält recht: Auf dem Anmeldeformular gibt es keine Rubrik für »Funktion«, und auf dem Badge, das er beim Welcome Drink in der Lobby des Seminarbereichs des Hotels Bad Steinbach trägt, steht nur »Stefan Tobler, CRONSA«.

Er merkt sofort, dass er unter seinesgleichen ist. Vielleicht nicht unbedingt hierarchisch, aber wellenlängenmäßig. Er befindet sich in einem Kreis von zwei Dutzend Männern (und zwei Frauen), die alle das Gleiche wollen: Do an even better job.

Bereits in der Pause des ersten Referats führt er ein Gespräch mit dem Decision-Maker eines bekannten Markenartiklers. Beim Nachtessen kommt er zwischen einen Investitionsgütler und einen Finanzdienstleister zu sitzen. Und am Samstag bestimmt ihn das Los zum Partner eines Markenartiklers (Pet Food), mit dem zusammen er den Marketingmix für die Markteinführung eines fiktiven Gemüseriegels erarbeiten soll, dem sie den Namen Greeny geben, Toblers Idee.

Aber den besten Draht findet er zu Fred Haesler, seinem zugelosten Marketing-Postenlauf-Partner vom Sonntagmorgen. Haesler ist Chief Operating Officer von nu/i/d (englisch ausgesprochen), einer Werbeagentur, die Tobler bisher nicht geläufig war. Die Chemie zwischen ihnen beiden stimmt so gut, dass sie sich beim Abschied am Montag versprechen, den Kontakt aufrechtzuerhalten.

Dass das keine leeren Worte waren, beweist Haesler bereits drei Tage später mit einer Luncheinladung im Herakles, einem Gourmettempel, den Tobler nur vom Hörensagen kennt.

Bei einem wirklich legendären Menu Surprise kommt man sich noch ein Stückchen näher. Beim Armagnac 1920 tauchen aus einem Nebenraum zwei Herren auf. Den einen identifiziert Haesler als einen befreundeten Konkurrenten und winkt ihn heran. Der andere ist Bäriswil, der Marketingverantwortliche der CRONSA. Und Toblers Chef.

Noch bevor Tobler eingreifen kann, stellt ihn Fred Haesler den beiden Herren als »den Mann, der im Marketing der CRONSA das Sagen hat« vor.

Der neue Bäriswil

Tobler hat sich in seiner Karriere schon oft in peinlichen Situationen befunden. Aber noch nie in einer wie dieser: Er steht mit rotem Kopf neben einem Tisch, auf dessen von zwölf Gängen Menu Surprise gezeichnetem Tischtuch zwei Schwenker bernsteinfarbener Armagnac 1920 ihr Buket entwickeln, und sucht nach einer Ritze im Eichenparkett, in die er schlüpfen könnte. Vor ihm Bäriswil, sein Chef, in Begleitung eines gewissen Gürtler, Mitinhaber der Agentur Gürtler & Tschanz. Neben ihm Fred Haesler, Chief Operating Officer der Agentur nu/i/d (englisch ausgesprochen), der ihn, Tobler, seinem Chef – dem Marketingverantwortlichen der CRONSA! – soeben als den Mann vorgestellt hat, »der im Marketing der CRONSA das Sagen hat«.

Stille im Herakles, nur das diskrete Geschirrklappern des diensthabenden Kellners, der die Tische für den Abend deckt. Gürtler wirft Bäriswil einen ratlosen Blick zu. Dieser schaut entgeistert von Tobler zu Haesler und zurück. Tobler gibt die Suche nach der Parkettritze auf, schaut Bäriswil an, hebt die Handflächen und lässt sie wieder fallen, als wollte er sich für eine kleine Unachtsamkeit im Straßenverkehr entschuldigen.

Und da geschieht etwas Seltsames: Anstatt ihn vor Haesler, Gürtler und dem Nachmittagskellner zur Schnecke zu machen, klopft Bäriswil ihm auf die Schulter und sagt: »Keine leichte Aufgabe.« Dann verlässt er das Lokal, den verdutzten Gürtler im Schlepptau.

Die nächsten Tage verbringt Tobler damit, seine Meinung über Bäriswil zu ändern. Kein leichtes Stück Arbeit, wenn man bedenkt, wie lange er unter dem Kerl gelitten hat. Aber Bäriswils besonnene und großherzige Reaktion auf den Zwischenfall zwingt ihn, seine lange Liste fachlicher und charakterlicher Vorbehalte gegen den Mann Punkt für Punkt zusammenzustreichen.

Bäriswil hilft ihm dabei: Bei einem ungeplanten Zusammentreffen ohne Zeugen im Lift meidet Bäriswil das Thema drei Etagen lang, nimmt kurz seine affektierte Halbbrille ab, lächelt Tobler verschwörerisch zu und vertieft sich wieder in eine bunte Statistik. Und nie begrüßt er ihn auf Sitzungen mit: »Aha, der Mann, der im Marketing der CRONSA das Sagen hat.«

Nach einer Woche ist Toblers Zutrauen zum neuen Bäriswil so groß, dass er beschließt, seinerseits den Vorfall anzusprechen. Er lässt sich von Frau Gartmann einen Termin geben, den er zu seiner Verblüffung auch gleich erhält. Bäriswil empfängt ihn stehend und offeriert ihm einen Kaffee.

Tobler druckst etwas herum und setzt dann zu seiner Einleitung an. Bereits an der Stelle »…haben Sie sich bestimmt gefragt, wie es zu diesem Missverständnis kommen konnte…« unterbricht ihn Bäriswil mit einem herzlichen Lächeln. »Schwamm drüber, vergessen wir die Sache. Die Begegnung hat nie stattgefunden.«

Knapp drei Wochen hält Toblers neues Bild von Bäriswil. Dann erfährt er, dass ein anonymer Wettbewerb um den Werbeaccount der CRONSA stattgefunden hat.

Und sich die Siegeragentur als Gürtler & Tschanz entpuppt.

Das Projekt Chüderihüsi

Tobler ist kein Chalettyp, aber dieses Angebot klingt tatsächlich nicht schlecht: Maisonette in Mehrfamilienchalet, Baujahr 1999, hell, ruhig, 4 1/2 Zimmer, Cheminée, Holzbalken im Elternschlafzimmer, Balkon mit unverbaubarer Sicht auf den Gerdeliwald, alle Räume mit Teppich und/oder Parkett, moderne Küche mit Geschirrspüler. Preis: 385'000. Eva hat es im Internet gefunden und ihm beim Sonntagsbrunch neben die Serviette gelegt. Das Bild sieht o.k. aus. Nicht total Chalet, einfach eine zeitgenössische Interpretation, die sich ins Gesamtbild fügt, ohne allzu retro zu sein.

Sie kombinieren die Besichtigung mit einem Familienausflug mitsamt Übernachtung im Dorf, einem aufstrebenden Ferienort in bequemer Fahrdistanz zu allen klingenden Namen des Berner Oberlands.

Das Wetter spielt mit, Kevin und Lea streiten, außer auf der Rückfahrt, nie, das Hotel liegt in der Nähe des Gerdeliwalds, und Eva und er finden, dass der Dorfcharakter ziemlich intakt geblieben ist. Ein Dorfbewohner grüßt sie noch mit »Grüessechwou« und das Lebensmittelgeschäft heißt noch »Molkerei«. Nur der Name des Chalets ist etwas peinlich: »Chüderihüsi«. Aber den kann man ja dann weglassen, sobald der Pöstler sie kennt.

Tobler hat sich seinen Zweitwohnsitz zwar nie in der Schweiz vorgestellt. Piemont, Burgund lägen eher auf seiner Linie. Aber solange die Kinder klein sind, ist eine auch an Weekends erreichbare Option vernünftiger. Und wenn man an den Wiederverkaufswert denkt, ist ein inländisches Objekt vorzuziehen. Vor allem, wenn man bei der Finanzierung auf die Mithilfe einer Bank angewiesen ist.

Und hier liegt das Problem: Die Anschaffung übersteigt zwar Toblers Verhältnisse nicht, ein Mann in seiner Position und mit seinen Perspektiven kann sich einen Zweitwohnsitz leisten. Aber die Amortisation der zweiten Hypothek ihres Erstwohnsitzes hat ihn bisher daran gehindert, Reserven zu bilden. Und das persönliche Verhältnis zum Kundenberater seiner Bank ist nicht so, dass er mit dem Projekt an ihn herantreten möchte.

In dieser Situation will es der Zufall, dass er von Wenger, dem CEO der CRONSA, einem der Manager der Hausbank des Unternehmens vorgestellt wird: Hansruedi Keller. Die Begegnung findet zufällig und anlässlich eines unangemeldeten Firmenrundgangs der beiden Herren statt, und Tobler muss dem nervös wirkenden Wenger bei der Suche nach seinem Namen etwas helfen. Aber das ändert nichts an der Tatsache, dass er einem der Topshots des Kreditgeschäfts einer der Topbanken des Landes die Hand geschüttelt hat.

Tobler beschließt, diese neue Connection zu nutzen und der Hausbank der CRONSA anzubieten, seine alte und neue Hypothek als Package zu übernehmen.

Die erste Besprechung in der Bank läuft gut. Als der

Berater auf Toblers Anstellung bei der CRONSA zu sprechen kommt, kann Tobler ganz lässig fallenlassen: »Und
falls Sie an deren Bonität zweifeln, wenden Sie sich an
Ihren Boss, Hansruedi Keller.«

Der Kundenberater tut das. Und das ist das Ende des
Projekts Chüderihüsi.

Karriereschritte

Stüdeli, Security, hat sich die letzten Wochen vor allem auf eines konzentriert: nicht aufzufallen. Man sollte meinen, einem Sicherheitsmann falle das nicht schwer. Aber bei Stüdeli ist das anders: Er hält nichts vom unauffälligen Fahnder im Hintergrund, der plötzlich da ist, wenn man ihn am wenigsten erwartet. Er sorgt für Sicherheit, indem er sie repräsentiert. Und Sicherheit ist nicht etwas, was in schlechtsitzenden Anzügen und hässlichen Krawatten durch die Gänge schleicht und nach der Arbeit lauwarmes Bier aus Literflaschen trinkt. Wie Mäder, sein Chef.

Aber seit jenem unglücklichen Tag, als Wengers Frau den Wagen ihres Mannes aus der Garage geholt und Stüdeli im Glauben, er sei gestohlen worden, die Polizei auf sie gehetzt hat, hält er es für ratsam, diskret aufzutreten, bis Gras über die Sache gewachsen ist.

Und ausgerechnet heute, wo er zum ersten Mal wieder den mitternachtsblauen Anzug mit dem zwar nur aus nächster Nähe als rot zu erkennenden, aber immerhin roten Nadelstreifen angezogen hat, wird er zu Widmer, Leiter Human Resources, zitiert.

Stüdeli ist auf das Schlimmste gefasst, als er von Widmers Assistentin ins Büro ihres Chefs geführt wird. Keine Viertelstunde später verlässt er es halb betäubt als

Roland J. Stüdeli, Head of Security. Mäder verlässt das Unternehmen und wird mit sofortiger Wirkung freigestellt. Aus Sicherheitsgründen.

Stüdelis erster Job in seiner neuen Funktion ist die Begleitung von Mäders Abgang. Er hat dafür zu sorgen, dass Mäder sein Badge abgibt und kein Firmeneigentum mitgehen lässt.

Als er Mäders Büro betritt, ist dieser gerade dabei, Kinderzeichnungen in einer Umzugsschachtel zu verstauen. Stüdeli, der aus dem Stegreif hundert Gründe aufzählen könnte, Mäder zu entlassen, sagt teilnahmsvoll: »Wenn je der falsche Mann entlassen wurde, Herr Mäder …«

Mäder schaut erstaunt von seiner Schachtel auf. »Ich wurde nicht entlassen, ich habe gekündigt. Ich gehe zur TYLCO.«

Für einen Moment verschlägt es Stüdeli die Sprache. »Zur TYLCO? Und Schönholzer?« Schönholzer ist der Sicherheitschef der TYLCO.

»Wird mein Chef.«

Dass Mäder einen solchen hierarchischen Abstieg freiwillig auf sich nimmt, kann nur einen Grund haben. »Zahlen die so viel besser?«

Mäder schüttelt den Kopf und klebt die Schachtel zu.

»Weshalb tun Sie es dann?«

»Es brennt zu oft Licht, nachts in der Buchhaltung.«

»Haben Sie die Mitarbeiterinformation nicht gelesen: Der CRONSA geht es blendend.«

»Darum geht es ja: Ich bin jetzt seit zwölf Jahren bei der CRONSA, und noch nie ging es ihr blendend, so kurz vor den Lohngesprächen.«

Public Relations

Es muss schon etwas Besonderes vorliegen, wenn Hottinger sich beiläufig bei Tobler erkundigt, ob er nach Arbeitsschluss noch Lust auf einen Drink habe.

Tobler gibt sich unentschlossen und konsultiert umständlich die To-do-Liste seines digitalen Assistenten. Aber als Hottinger anstatt die Löwen Bar das von CRONSA-Mitarbeitern kaum frequentierte Red Horse vorschlägt, ist Toblers Neugier stärker als die Abneigung gegen den Mann, der es auf seinen nächsten Karriereschritt abgesehen hat. Er sagt zu.

Hottinger nimmt sich Zeit. Einen ganzen Campari lang spannt er Tobler mit Büroklatsch auf die Folter. Erst als Lilly den zweiten bringt, lässt er die Bombe platzen: »Wengerling wurde mit Gerhard T. Räber gesehen.«

»Dem PR-Typen, der zu allem seinen Senf dazugibt?« Das allerdings wäre eine News, die den Umweg zum Red Horse rechtfertigen würde.

Hottinger nickt triumphierend. »Dem Diskussionsrunden-Adabei.«

Tobler, sachlich: »Wo wurde er gesehen?«

Hottinger lässt sich Zeit mit der Antwort. »Im Eclat.«

Das Eclat ist zurzeit *das* In-Lokal der Stadt. Einen Moment ist Tobler sprachlos. Dann sagt er: »Das kann nur heißen, dass er *nicht* mit Räber arbeitet.«

Hottinger versteht nicht.

»Wer mit Räber arbeitet«, erklärt Tobler, »will nicht mit Räber gesehen werden.«

»Der Mann ist doch prominent.«

»Deswegen. Wer will denn schon einen prominenten PR-Berater?«

»Nun, wenn man selber nicht allzu prominent ist…«

»Du glaubst doch nicht im Ernst, die Prominenz von Gerhard T. Räber färbe auf seine Klienten ab?«

»Immerhin ist er high-profile. Ständig in den Medien.«

»Eben. Statt seiner Kunden. Räbers Stärke ist schon die PR. Aber die PR für Räber.«

»Aber die betreibt er perfekt. Auch ein Leistungsausweis.«

Tobler wiegt den Kopf. »Findest du? Würdest *du* einen Gerhard T. Räber als PR-Berater engagieren?«

»Ich nicht. Aber ich habe ja auch kein Kommunikationsproblem.«

»Und Wenger? Hat der vielleicht eines?«

Die Frage ist rhetorisch gemeint. Aber jetzt, wo sie Hottinger nicht gleich beantwortet, bleibt sie bedeutungsvoll im Raum hängen.

Hat Wengerling vielleicht doch ein Kommunikationsproblem? Gibt es etwas, was er der Öffentlichkeit beibringen will und nicht weiß, wie? Eine Strukturkrise? Innovationskrise? Absatzkrise? Liquiditätskrise? Hat die CRONSA eine Unternehmenskrise zu kommunizieren?

Lilly, der die Stille an Tisch vier aufgefallen ist, bringt

frische Salzmandeln. Als sie gegangen ist, bricht Tobler das bange Schweigen mit einem erleichterten Auflachen: »Blödsinn. Wenn Wenger das Problem mit Räber lösen kann, kann es nichts Ernstes sein.«

Toblers Standortbestimmung

Einmal im Jahr braucht Tobler eine Standortbestimmung. Dann steigt er ins Auto und fährt für ein Wochenende irgendwohin. Ohne Handy. Das verlangt zwar ein gewisses Maß an Vertrauen seitens seiner Frau Eva, aber das setzt er nun einfach einmal voraus in einer langjährigen, eingespielten Partnerschaft.

Er nimmt sich dann meistens ein Zimmer in einem Drei- oder Viersterner irgendwo in den Bergen. Aber diesmal zieht es ihn ins Flachland. Er sehnt sich nach einem erweiterten Horizont.

Er fährt an den Bodensee und mietet sich im Schwarzen Schwan ein, bekannt auch für seine Küche. Eine Standortbestimmung ist schon hart genug, man muss dabei nicht auch noch schlecht essen.

Tobler bezieht ein Zimmer mit Seeblick (superior, die Standardzimmer blicken auf die Straße) und gönnt sich zur Einstimmung einen leichten Lunch im wirklich hübschen Wintergarten. Etwas Fisch aus dem See, etwas Weißen aus der Gegend.

Nach dem Lunch geht er in sein Zimmer, setzt sich an den Schreibtisch beim Fenster und nimmt zwei Bögen Briefpapier. Unter den schwarzen Schwan des einen schreibt er »STANDORT«, unter den des andern »PERSPEKTIVEN«. Dann lässt er den Blick aus dem Fenster schweifen, über die fast kahlen Zwetschgenbäume hin zum Ufer und weiter über den See, dessen anderes Ufer im Novemberdunst verschwimmt. Müdigkeit überfällt ihn, und er legt sich für einen Moment hin. Seinen Standort bestimmt man lieber ausgeschlafen.

Als er aufwacht, brennen die Laternen am Uferweg, und im Parterre spielt ein Piano. Fast fünf Stunden hat Tobler geschlafen. So ausgebrannt ist er, so dringend nötig seine Standortbestimmung. Er setzt sich wieder an den Schreibtisch.

Aber der Mittagsschlaf hat ihn unternehmungslustig gemacht, und die Pianoklänge geben ihm das Gefühl, er verpasse etwas. Er geht auf einen Sprung ins Restaurant hinunter, die zwei Bögen Papier nimmt er mit.

Der Maître d' bittet ihn, an der Bar Platz zu nehmen, bis ein Tisch frei wird. Das werde nicht lange dauern, meint der Barmann augenzwinkernd, als er den Campari bringt, die meisten Gäste gingen früh.

Tobler schaut sich um und versteht: An den meisten Tischen sind verliebte Paare damit beschäftigt, die Kluft zwischen den Generationen zu überwinden. Jetzt erst erinnert er sich, dass der Schwarze Schwan als diskrete Adresse für begleitete Arbeitsweekends gilt.

In diesem Moment betritt einer das Lokal, der von hinten aussieht wie Wenger. Er wird an das letzte freie Zweiertischchen geführt. Und jetzt, im warmen Licht der Kerze, sieht Tobler: Er sieht auch von vorne aus wie Wenger!

Mit klopfendem Herzen beobachtet er aus dem Halbdunkel der Bar seinen obersten Boss, wie er ein

Glas Champagner bestellt und nervös auf jemanden wartet.

Eine Viertelstunde später kann Tobler seine Standortbestimmung abschließen: Wenn der Chief Executive Officer sich mit dem Chief Financial Officer in einem verschwiegenen Weekend-Hotel trifft, wird es Zeit, sich einen neuen Job zu suchen.

Vertrauensförderung

In Zeiten wie diesen, wo die Plakatwände voller Werbung für Plakatwerbung hängen, bemüht sich sogar einer wie Gürtler um das Werbebudget einer CRONSA. Obwohl er weiß, dass die ihm den Laden mit technischen Prospekten und Fachanzeigen eindecken werden.

Natürlich wird er auch der CRONSA erzählen, dass man gerade dann in die Werbung investieren muss, wenn es die anderen nicht tun, weil man dann am meisten auffällt. Aber er wird es mit wenig Überzeugungskraft tun. Tief in ihm drinnen gibt es nämlich einen Gürtler, der manchmal sogar daran zweifelt, dass Werbung überhaupt etwas bringt, selbst in guten Zeiten. Ziemlich störend für den Mitinhaber einer Werbeagentur.

Diesen subversiven Hang zur Skepsis muss er von seinem Vater geerbt haben, einem alten Bauschreiner, der Gürtler bis heute nachträgt, dass dieser nicht in seine Fußstapfen getreten ist und seinen Fünf-Mann-Betrieb übernommen hat.

Umso erstaunter ist Gürtler, als Wenger, die Number One bei seinem neuen Kunden, auf die Imagekampagne einschwenkt, die sein Team routinemäßig und ohne Hoffnung zur Einstimmung präsentiert. Eine alte Idee, die Gürtler & Tschanz schon anderen potentiellen Kunden aus den unterschiedlichsten Branchen vorgeschlagen hat:

Spots mit key moments aus einem Menschenleben, eine rasche Folge von Sekundenepisoden, aber nicht so null-acht-fünfzehn-slice-of-life, sondern total ästhetisch gefilmt. Dann der payoff: CRONSA – Solutions for Life. Das Ganze flankiert von doppelseitigen Printlösungen, ein paar Großplakaten und etwas Kino.

Natürlich würde sich das Konzept eher anbieten für eine Versicherung oder einen Anlagefonds. Aber auch einem Unternehmen der Industriebedarfsbranche kann es nicht schaden, ab und zu etwas für die awareness zu tun.

Wenger stellt als Erstes die typische Kundenfrage: »Und was verkauft uns das?« Aber als Gürtler antwortet: »Den Brand CRONSA«, bekommt er nicht zu hören: »Diesen Luxus verschieben wir auf nach der Krise.« Wenger nickt nur nachdenklich und schweigt für den Rest der Präsentation.

Erst als sich die zweite Managementsebene auf die halbseitige, mit Kundenevents flankierte Fachkampagne eingependelt hat, meldet Wenger sich zu Wort und gibt grünes Licht für »Solutions for Life«. Eine Entscheidung, die Gürtler & Tschanz noch am gleichen Abend mit einem spontanen Mitarbeiter-Apéro feiert, der für die beiden Partner im Susy's endet, einem Nightclub, den sie irgendwie belebter in Erinnerung hatten.

Keine sechs Wochen später läuft die Kampagne unter den Augen einer ratlosen Öffentlichkeit an. So geballt ist der Auftritt der CRONSA, dass er sogar Gürtlers Vater auffällt. »Zahlen die?«, fragt er eines Sonntags beim Mittagessen.

Gürtler hat ein paar Stunden zuvor die Debitorenliste konsultiert und ist etwas irritiert von der Frage. »Warum?«, fragt er gereizt zurück.

Gürtler senior zuckt die Schultern. »Allzu gut kann es denen nicht gehen, wenn die so viel Reklame machen müssen.«

Schicksalsblumen

Neben Empfang und Telefon figuriert in Ingrid Räbers job description noch eine weitere Aufgabe: der Empfangsstrauß.

Seit dem 16. April 1996 steht auf dem Empfangstresen der CRONSA, immer an der gleichen Stelle, ein großer Blumenstrauß. Das Datum ist überliefert, weil es der Geburtstag von Ruth Weinberger ist, Ingrid Räbers Vorgängerin. An jenem Tag besuchte Fred Bührer zum ersten Mal die Firma. Er war damals der wichtigste Kunde der CRONSA und ist es bis heute geblieben.

Wengerling und Bührer betraten nach einem längeren Mittagessen, inspiriert von einem wunderbar körperreichen Pauillac (schwarze Johannisbeere und Zeder), den Empfangsbereich, Bührer zeigte auf den Strauß große und kleine Gerbera in Orange- und Rottönen, kombiniert mit verzweigten Rosen und gefasst von Efeuranken, und rief aus: »Ach, wie schön! Hat jemand Geburtstag?«

Wenger, dem Bührers Liebe zu Schnittblumen bisher entgangen war, winkte ab. »Nein, nein, hier stehen immer frische Blumen. Gehört irgendwie zur Unternehmenskultur, finde ich.«

Ab sofort erhielt Ruth Weinberger ein Blumenbudget und versorgte den Empfangsbereich mit selbstgemachten, immer künstlerischeren Gestecken und Gebinden.

Dieser Teil ihres Aufgabenbereichs gewann dermaßen an Bedeutung, dass sie darob ihre anderen Pflichten zu vernachlässigen begann, und führte schließlich auch zu ihrer Kündigung. Als nämlich Zurbrügg, ein inzwischen längst ersetztes Mitglied der Geschäftsleitung, sie bat, ihn mit einem Kunden zu verbinden, »falls sie zwischen zwei Blumensträußen einen Moment Zeit finde«, packte sie kurzerhand die Dose Gold, mit der sie am Wochenende die selbstgesammelten dürren Äste für das Montagsgesteck einsprayen wollte, und schrieb damit »Hier fährt ein Arschloch« auf das Heck von Zurbrüggs BMW 320i. Vielleicht wäre die Kündigung noch zu vermeiden gewesen, wenn Zurbrügg die Beschriftung nicht erst zu Hause bemerkt hätte.

Für Ruth Weinbergers Nachfolgerin, die unvergleichlich attraktivere Ingrid Räber, wurde der Empfangsstrauß rasch zur Belastung. Sie hatte, wie zu den meisten Lebewesen, auch keine Beziehung zu Pflanzen. Und auch keine Lust, in ihrer ohnehin knappen Freizeit die Kochnische ihrer kleinen Wohnung mit pestizidbelasteten Schnittblumen zu kontaminieren.

Noch während der Probezeit setzte sie eine Erhöhung des Blumenbudgets durch, das ihr erlaubte, das Empfangsstraußprojekt an ›Hardys Blütenwelt‹ zu delegieren. Seither prangt zweimal die Woche ein frischer Saisonstrauß auf dem Empfangstresen. Als hübscher Gegensatz zu Ingrid Räbers gelangweiltem Gesicht.

Aber als sie an diesem Montag zur Arbeit kommt, stecken anstatt Blumen sieben gerollte A4-Seiten in der Vase. Sechs davon sind Rechnungen für die letzten sechs

Monate Empfangsstrauß, alle unbezahlt. Auf der siebten steht in der wütenden Handschrift von Hardy, dem Alleininhaber von ›Hardys Blütenwelt‹: »Die kleinsten Lieferanten trifft's immer zuerst!«

Jetzt liest Ingrid Räber wieder die Stellenanzeigen.

Business as usual

Unter dem Strich hat Tobler seinen Abgang von der TYLCO nie bereut. Wenn es etwas gäbe, dem er nachtrauert, wäre es vielleicht der Zusammenhalt der Mitarbeiter. Gerade jetzt, so kurz vor den Festtagen, kommt ihm die CRONSA doch reichlich unpersönlich vor. Man hat gerade mal so viel Kontakt wie nötig und nützlich.

Damals, in der TYLCO, rückte man in der kalten Jahreszeit zusammen. Man traf sich bei Einbruch der Dunkelheit zu kleinen Büro-Apéros aus allerlei Lieferantengeschenken oder verkam bei ein paar Feierabenddrinks im Juanitos, dem Stammlokal der mittleren Kader. Man war in vorweihnachtlicher Wiedergutmachungslaune oder wollte das bange Gefühl loswerden, das einen ergreift, wenn etwas Vertrautes zu Ende geht und etwas Unbekanntes beginnt.

Natürlich gab es für dieses bange Jahresschlussgefühl immer auch Gründe. Bei der TYLCO war man sich nämlich nie sicher, ob die Gerüchte vom miesen Geschäftsgang nicht aus lohntaktischen Gründen von oben gesteuert waren oder ob es dem Laden diesmal wirklich ans Lebendige ging.

So gesehen hat die Emotionslosigkeit, mit der man bei der CRONSA das Jahr abschließt, auch seine angenehmen Seiten. Das Management lässt intern durchsickern, dass es dem Unternehmen blendend geht. Und untermalt das nach außen hin sogar mit einer Imagekampagne mitten in der Wachstumskrise. Kein Wunder, dass die Belegschaft auf business as usual macht.

Auch Tobler hat angesichts der Unaufgeregtheit unter den Kollegen seinen Plan, diskret einen Headhunter zu kontaktieren, von der dringenden zur mittelfristigen Pendenz herabgestuft. Wahrscheinlich hat er die Zeichen falsch gedeutet. Dass er die Hypothek für die Zweitwohnung nicht bekommen hat, kann auch andere Gründe haben als eine zweifelhafte Bonität seines Arbeitgebers. Und sein CEO kann sich mit seinem obersten Finanzer auch aus anderen Gründen in einem verschwiegenen Weekend-Hotel treffen, als um eine existentielle Unternehmenskrise zu vertuschen.

Trotzdem sehnt er sich an diesem grauen Freitagabend in der Löwen Bar nach einem bekannten Gesicht. Und dass auf der Bar eine dicke rote Kerze brennt und die Barfrau schon Bing Crosbys *Christmas Classics* aufgelegt hat, trägt auch nicht zu seiner Stimmung bei. Er lässt seinen halbvollen Campari stehen und macht sich auf den Weg nach Hause.

Aber als er auf der regennassen Straße am Red Horse vorbeifährt und die bunten Lichtgirlanden sieht, die vorweihnachtlich im Fenster glitzern, geht er vom Gas. Vielleicht wäre er weitergefahren, wenn nicht genau in diesem Augenblick genau vor dem Eingang einer aus einem Parkplatz weggefahren wäre.

An der Bar sitzt Bäriswil mit Stüdeli bei einem ernsten Gespräch. An einem Nischentisch glänzen die besorgten

Augen von Hottinger, Hauser und Widmer im Licht einer dekorierten Kerze. Und am Nebentisch starren Ingrid Gartmann und Esther Spielmann wortlos in ihren Glühwein.

Tobler upgraded den Headhunter wieder von der mittelfristigen zur dringenden Pendenz.

Woran Tobler sich erinnern wird

Tobler gehört nicht zu denen, die noch genau wissen, in welcher Situation sie von John F. Kennedys Ermordung erfuhren. Da war Tobler noch nicht geboren. Auch wo er die Übertragung der ersten Mondlandung sah, hat er vergessen. Damals war er fünf.

Aber an die folgende Situation wird er sich sein Lebtag erinnern: Er sitzt im Löwen. Nicht in der Bar, dort hat der Abend begonnen, sondern im Restaurant. Am Aquarium-Tisch. Und zwar nicht, wie sonst, zwischen gerade gekommen und schon fast gegangen, an eine Tischecke gedrängt. Tobler sitzt am Kopfende. Und er genießt die ungeteilte Aufmerksamkeit seiner beiden Gegenspieler Anton Hottinger und Esther Spielmann. Plus die von Hauser, Werbeleiter. Plus die von Stüdeli, Head of Security.

Und auch wie es zu dieser seltenen Konstellation gekommen ist, wird er kaum vergessen: Seit einiger Zeit häufen sich die Anzeichen, dass es in der CRONSA kriselt. Trotz (oder wegen) gegenteiliger Versicherungen von ganz oben.

Eine außerordentliche Generalversammlung in der menschenleeren CRONSA am letzten Samstagabend, die laut Stüdeli bis in die frühen Morgenstunden des Sonntags gedauert haben soll, bringt die Gerüchteküche zum Überkochen. Und weder die unangekündigte Abwesenheit von Wenger am Montag noch die Mienen der übrigen Mitglieder der Unternehmensleitung tragen dazu bei, die Lage zu entspannen.

Bei Arbeitsschluss wird Tobler von Hottinger und Esther Spielmann, die auf dem Weg zu einer Krisensitzung in der Löwen Bar sind, dabei beobachtet, wie er beim Verlassen der Firma mit Bäriswil ein paar Worte wechselt. Mit Bäriswil, der alle Termine abgesagt hat und den ganzen Tag für niemanden zu sprechen war!

Tobler wird an die Krisensitzung mitgenommen, die in ein improvisiertes Abendessen mit ihm als Mittelpunkt ausufert.

Das Gespräch mit Bäriswil war eigentlich nur ein kurzer Wortwechsel gewesen. »Alles paletti?«, hatte dieser gefragt. Und Tobler hatte geantwortet: »Alles picobello, und bei Ihnen?« Worauf Bäriswil geantwortet hat: »Super.«

Tobler gibt das Gespräch nicht wörtlich wieder, sondern eher inhaltlich. Er berichtet der Runde, dass sich Bäriswil danach erkundigt habe, wie es in seinem Bereich so laufe, und dass er ihm einen insgesamt positiven Bericht abgeliefert habe und anschließend seinerseits auf die Gesamtlage aus Bäriswils Sicht zu sprechen gekommen sei, welche dieser zusammenfassend optimistisch beurteilt habe.

Diese News aus erster Hand wird von Toblers Kollegen mit dankbarer Erleichterung aufgenommen. Während des ganzen Essens (Bernerplatte für fünf) hängen sie an seinen Lippen, staunen über seinen guten Draht

nach oben und lassen sich von seinem Insiderwissen be-
ruhigen.

Das ist die Situation, an die Tobler sich erinnern wird,
als kurz vor Lokalschluss der Zeitungsverkäufer mit der
Ausgabe für morgen auftaucht. Dort steht fett über einer
Randmeldung: »Aus für CRONSA«.

Epilog

Bei der Panne in der Kommunikation des Zusammenbruchs der CRONSA verhielt es sich wie bei den meisten Pannen, die zu ebendiesem geführt hatten: Ihre Ursache lag außerhalb des Einflussbereichs des Managements. Natürlich war geplant gewesen, dass die Mitarbeiter ein paar Stunden vor der Öffentlichkeit über die Lage informiert werden sollten, ganz klar. Das Presserelease war *unübersehbar* mit einer Sperrfrist versehen gewesen.

Aber der Respekt vor der Sperrfrist ist verlorengegangen im erbitterten Konkurrenzkampf unter den Printmedien, dessen Ursachen in der Wirtschaftslage zu suchen sind, welche wiederum auf den Ölpreis zurückzuführen ist, also letztlich auf die Ereignisse des elften Septembers. Und für diese kann man Wenger nun wirklich nicht verantwortlich machen. Genauso wenig wie für den Dollarkurs, der der CRONSA, obwohl nicht sehr exportorientiert, indirekt zu schaffen machte.

Wenger hatte versucht, der verbreiteten Investitionsunlust mit mutigen Investitionen außerhalb des Investitionsgütersektors zu begegnen. Er hatte sich antizyklisch verhalten nach dem Motto: Der Aufschwung beginnt im Kopf. Und er hatte – ohne Rücksicht darauf, wie es in ihm drinnen aussah – bis zum Schluss mit großem Optimismus kommuniziert und kommunizieren lassen. Deswegen wirkte das Aus für die CRONSA für Außenstehende auch so abrupt.

Der Vorteil eines mittleren Unternehmens ist, dass auch dessen Konkurs nur ein mittlerer ist. Eine der drei Produktionsstätten wurde von der TYLCO übernommen, reorganisiert und integriert. Dadurch konnte der Verlust an Arbeitsplätzen im Blue-Collar-Bereich unter dem Titelseitenlimit von zweihundert gehalten werden.

Im White-Collar-Bereich sind ein paar Härtefälle zu verzeichnen: Bäriswil befindet sich in psychiatrischer Behandlung. Stationär. Als Folge eines eskalierten Rollenspiels in einem Assessment-Center. Der Schauspieler, der den schwierigen Vorgesetzten spielte, kann aber wieder feste Nahrung zu sich nehmen.

Ingrid Gartmann vertritt an drei Abenden Lilly, die Barmaid im Red Horse, und arbeitet gezielt auf deren Ablösung hin.

Hottinger geht inzwischen ein und aus beim Regionalen Arbeitsvermittlungszentrum und arbeitet an der Umsetzung einer tiefgreifenden Restrukturierung von Haushalt und Garten.

Barbara Hottinger steht inoffiziell in Kontakt mit einem erschwinglichen Scheidungsanwalt.

Stüdeli, Security, arbeitet vorübergehend in der Baustellensicherung für ein bekanntes Sicherheitsunternehmen.

Ingrid Räber hat eine feste Beziehung.

Esther Spielmann bildet sich im Kulturmanagementbereich weiter.

Werbeleiter Hauser hat eine Galerie eröffnet und plant eine Hebeisen-Retrospektive.

Wengerling hat auf Anraten seines PR-Beraters nicht auf der Abgangsentschädigung bestanden und lebt einzig von seinem letztjährigen Bonus und seinen diversen Verwaltungsratsmandaten.

Und Tobler?

Von Tobler wird man noch hören.

Die Personen

Stefan Tobler, neu bei der CRONSA. Früher bei der TYLCO, upper Middle
Eva, seine Frau
Kevin, Sohn
Lea, Tochter
Oswald, Toblers Linienvorgesetzter bei der TYLCO
Ingrid Räber, Empfangsdame CRONSA
Ruth Weinberger, Vorgängerin von Ingrid Räber, Empfang und Telefon
Fred Bührer, wichtigster Kunde der CRONSA
Roland Stüdeli, Security CRONSA
Mäder, Stüdelis Vorgesetzter, ein früherer Polizeibeamter
Ingrid Gartmann, Sekretärin von Bäriswil
Hasler, Ingrid Gartmanns früherer Chef bei der CRONSA
Anna Frei, Ingrid Gartmanns Freundin
Kurt Bäriswil, neu bei CRONSA. Früher bei der TYLCO, lower Top, stand Tobler schon bei der TYLCO vor der Sonne
Monika, Bäriswils Frau
Luca (15) und *Laura* (13), ihre Kinder
Jo Hebeisen, der Maler des Bildes in Bäriswils Büro
Michael E. Porter, Bäriswils Management-Guru
Hans Wenger, »Wengerling«, oberster Chef der CRONSA
Françoise Dubois, Wengers Geheimnis
Maja Schneider Wenger, Wengerlings Frau
Dieter Talmann, Majas Lover
André Welti, Kollege von Tobler auf gleicher Ebene
Anton Hottinger, Konkurrent im Rennen um die Marketingleitung
Barbara, Hottingers Frau

Mia und *Nicolas,* ihre Kinder

Mellinger, Hottingers Gesprächspartner beim Kunden Elwita Schweiz (Relloplus S211)

Strub, der neue Gesprächspartner, direkt Mellinger unterstellt

Chris Hauser, der neue Werbeleiter

Esther Spielmann, upper Middle, Weltis Nachfolgerin

Müller, der mit dem zehnjährigen Jubiläum

Ines, seine Frau

Frey, dessen Zwanzigjähriges man vergessen hatte

Huwyler, Name aus Müllers Anfängen

Fred Haesler, Werbeagenturbesitzer

Gürtler, Mitinhaber der Agentur Gürtler & Tschanz

Hansruedi Keller, Manager der Hausbank der CRONSA

Widmer, Leiter Human Resources

Schönholzer, Head of Security bei der TYLCO

Gerhard T. Räber, prominenter PR-Berater

Löwen Bar, wo man nachher noch hingeht

Red Horse, die Bar, wo nicht die ganze CRONSA verkehrt

Lilly, die Barmaid im Red Horse

Das Diogenes Hörbuch zum Buch

Martin Suter
Alles im Griff
Eine Business Soap

Ungekürzt gelesen von Stefan Kurt

2 CD, Spieldauer 134 Min.

Martin Suter
im Diogenes Verlag

»Martin Suter hat die seltene Gabe, Schweres leicht erscheinen zu lassen. Er schreibt einen Bestseller nach dem anderen, die inhaltlich wie literarisch glänzen.«
Michael Knoll / Bücher, Kiel

»Wenn es überhaupt einen Schriftsteller gibt, dessen Feder man gern entsprungen wäre, dann ihn.«
Elmar Krekeler / Berliner Morgenpost

Die Romane:

Small World
Roman
Auch als Diogenes Hörbuch erschienen, gelesen von Dietmar Mues

Die dunkle Seite des Mondes
Roman
Auch als Diogenes Hörbuch erschienen, gelesen von Gert Heidenreich

Ein perfekter Freund
Roman

Lila, Lila
Roman
Auch als Diogenes Hörbuch erschienen, gelesen von Daniel Brühl

Der Teufel von Mailand
Roman
Auch als Diogenes Hörbuch erschienen, gelesen von Julia Fischer

Der letzte Weynfeldt
Roman
Auch als Diogenes Hörbuch erschienen, gelesen von Gert Heidenreich

Der Koch
Roman
Auch als Diogenes Hörbuch erschienen, gelesen von Heikko Deutschmann

Die Zeit, die Zeit
Roman
Auch als Diogenes Hörbuch erschienen, gelesen von Gert Heidenreich

Montecristo
Roman
Auch als Diogenes Hörbuch erschienen, gelesen von Wanja Mues

Die *Allmen*-Krimiserie:

Allmen und die Libellen
Roman
Auch als Diogenes Hörbuch erschienen, gelesen von Gert Heidenreich

Allmen und der rosa Diamant
Roman
Auch als Diogenes Hörbuch erschienen, gelesen von Gert Heidenreich

Allmen und die Dahlien
Roman
Auch als Diogenes Hörbuch erschienen, gelesen von Gert Heidenreich

Allmen und die verschwundene María
Roman
Auch als Diogenes Hörbuch erschienen, gelesen von Gert Heidenreich

Lukas Hartmann
im Diogenes Verlag

Lukas Hartmann, geboren 1944 in Bern, studierte Germanistik und Psychologie. Er war Lehrer, Jugendberater, Redakteur bei Radio DRS, Leiter von Schreibwerkstätten und Medienberater. Heute lebt er als freier Schriftsteller in Spiegel bei Bern und schreibt Romane für Erwachsene und für Kinder.

»Lukas Hartmann kann das: Geschichte so erzählen, dass sie uns die Gegenwart in anderem Licht sehen lässt.« *Augsburger Allgemeine*

»Lukas Hartmann entfaltet eine große poetische Kraft, voller Sensibilität und beredter Stille.«
Neue Zürcher Zeitung

Pestalozzis Berg
Roman

Die Seuche
Roman

Bis ans Ende der Meere
Die Reise des Malers John Webber mit Captain Cook. Roman

Finsteres Glück
Roman

Räuberleben
Roman

Der Konvoi
Roman

Abschied von Sansibar
Roman

Auf beiden Seiten
Roman

Kinder- und Jugendbücher:
Anna annA
Roman

So eine lange Nase
Roman

All die verschwundenen Dinge
Eine Geschichte von Lukas Hartmann. Mit Bildern von Tatjana Hauptmann

Mein Dschinn
Abenteuerroman